JN412740

"와인 애호가들에게 훌륭한 자료다.
이 책에서는 우리가 당연하게 여기고 넘어가는
와인의 비밀을 알려준다.
완전 필독서다!"

라잣 파르(Rajat Parr),
『The Sommelier's Atlas of Taste』의 저자

"고된 하루를 보낸 다음 친구들과 저녁 식사 자리에 앉아서
와인 한 잔을 마시려고 입맛을 다시며 기다리는데,
친구들이 당신이 전혀 모르는 여러 가지 와인에 대한
시답지 않은 지식을 떠들고 있었던 적이 있는가?
그랜트와 크리스는 파티에서 능수능란하게 음반을 틀어주는
DJ와도 같아서, '내가 음반을 틀면 저렇게 멋지지 않은
이유가 무엇일까?'라고 자문하게 된다. 하지만 그들은
DJ 역할만 하는 것이 아니라 방법도 가르쳐 준다.
『와인에 빠지는 방법』은 와인이라는 주제를
쉽게 설명해주면서도 헛소리 대신 재미로 채웠다."

마이크 D(Mike D), 더 비스티 보이즈(the Beastie BOYS)

와인에 빠지는 방법

그렌트 레이놀즈 & 크리스 스탱 지음
차승은 옮김

How To Drink Wine

와인에
빠지는
방법

쉽고 재미있는 와인 가이드

제우미디어

서문

98점
테루아르를 환상적으로 표현
말안장과 강가의 축축한 바위 향
아펠라시옹
마우스필
프랑스어 몇 마디

벌써 따분해지는가? 포기하고 맥주나 마실 생각인가? 와인이 어려운 것은 당신 탓이 아니다. 물론 복잡하고 어려울 수 있다. 하지만 평생 즐길 수 있는 것이 와인이다. 우리는 와인 덕분에 끝없이 새로운 것을 시도하고, 새로운 사람들을 만나며, 새로운 장소를 보고, 새로운 경험을 했다. 이런 술이 또 어디에 있겠는가?

와인 분야의 세미프로인 우리도 '와인에 대한 경험을 공유하면서' 친해졌다. 우리는 와인 공부를 더 쉽게 공감하면서 할 수 있어야 한다고 생각했고, 그래서 이 책을 쓰기로 했다.

그랜트는 '파셀'이라는 와인 소매점을 운영한다. 또한, 뉴욕에 있는 몇 군데의 식당에서 동업자이자 와인 책임자로 일한다. 그 식당들은 음식이 매우 훌륭하며, 와인을 무척 중요하게 생각한다. 그렇다고 불편한 곳은 아니다. 언제나 고객을 우선으로 생각하는 이 식당들은 부르고뉴 와인 애호가 손님이 새로운 와인을 맛볼 수 있도록 해준다. 또한, 와인 지식이 전혀 없는 손님도 기분 좋은 서비스를 받으면서, 평소 마시는 상세르 한 잔 대신 이탈리아 해안에서 생산된 화이트 와인을 추천받을 수 있다. 그들의 목표는 새로운 맛을 알려주는 것이며, 손님을 조금도 주눅 들게 하지 않는다. 이것이 이 식당들의 성공 이유이기도 하다. 그랜트는 어드밴스드 소믈리에 과정의 최연소 합격자 중 한 명이며 〈포브스〉가 선정한 '30 Under 30 Honoree'에 선정되었다. 그러나 그는 이 식당들에서 성과나 수상을 떠벌리지는 않는다.

크리스는 2015년에 유머러스한 저널리즘으로 James Beard Award 후보에 올랐고, 2019년 〈Financial Times〉에서 '미국에서 가장 영향력 있는 식당 평론가'로 인정받았다. 그는 세계적인 식당 리뷰 사이트 '더 인패추에이션'의 공동 설립자이자 CEO이며, 공감할 수 있는 식당 추천으로 성공을 거두었다. 그렇다면 더 인패추에이션에서는 어떤 방식으로 식당을 추천할까? 혹시 여러분은 식당을 정할 때 "근처에서 제일 뛰어난 셰프가 누구지? 거기서 먹을까?" 하며 찾는가? 아마 아닐 것이다. 위치, 분위기, 경험 등을 따져보며 식당을 찾았을 것이다. 이 사이트의 리뷰와 가이드도 같은 방식으로 작동한다. 그리고 이것이 크리스의 와인 설명 방법이다. 이는 가볍고 무례해 보일 수 있지만, 오히려 현실적이다.

그렇다면 와인의 세계를 공감하는 방법은 도대체 무엇일까? 세상에 와인을 알려주는 책은 많다. 그러나 63가지 포도 품종과 각 품종의 시음 노트를 외우라고 하지 않는 저자는 우리가 처음일 것이다. 외우는

데 관심이 있다면 단어장을 활용하면 된다. 하지만 탐색을 시작할 때 필요한 지식은 더 쉽게 얻을 수 있다. 형광펜으로 교재에 밑줄을 그으면서 엄청난 시간을 쏟아붓는 대신, 좋아하는 와인 한 잔을 따라놓고 시작하면 된다. 이제 "왜?"라고 해보자. 마시면서 왜 좋아하는지 생각해보면 몇 가지 이유가 떠오를 것이다. 설명에 필요한 적당한 단어가 떠오르지 않을 수도 있다. 그것이 첫 번째 걸림돌이고 이제 우리의 임무가 시작된다.

이 책은 당신이 어떤 와인을 왜 좋아하는지 이해할 수 있도록 도와주고, 쉽고 재미있게 와인을 알아갈 수 있도록 해준다. 그리고 당신이 선호하는 특징들이 포함된 다른 와인들도 발견할 수 있도록 안내한다. 우선 자주 사용하는 용어들과 몇 가지 원칙을 알려줄 것이다. 그리고 방대한 와인 지식이 존재하는 이유도 (아직은 신경 쓰지 않아도 되지만) 설명할 것이다. 와인은 여행이다. 누가 어디에서 출발하든, 이 책은 가장 쉬운 출발점이 될 것이다.

꼭 알아야 하는
용어

다음 용어들이 와인 업계에서 사용되는 모든 용어를 설명한 것은 아니다. 하지만 사람들이 와인에 대해 이야기를 할 때 당신이 편안하게 이해할 수 있도록 도와줄 것이다. 우리가 알려주는 기본 용어를 익히고 나면, 당신이 좋아하는 와인을 설명할 때 필요한 단어를 꺼내 쓸 수 있고, 좋아하지 않는 이유도 표현할 수 있다. 이렇게 생각해보면 어떨까? 우리는 당신이 와인에 대해 유창하게 대화할 수 있도록 가르치기보다는 '화장실이 어디에 있나요?' 또는 '이 개는 내 친구입니다.'와 같은 기본적인 의사소통을 할 수 있도록 해주려고 한다. 지금 당장은 그 정도로 충분하다.

빈야드(포도밭): 실제로 포도가 자라는 땅이다. 어떤 사람들은 상표나 와인 생산자라는 뜻으로 사용하는데, 정확하게는 물리적 장소를 말한다.

수확: 포도가 익어서 딸 수 있는 시기가 되면 수확을 해야 한다. 세계 어디에서 자라는 포도든지 일 년에 딱 한 번, 늦여름이나 초가을에 수확한다.

블렌드: 두 가지 이상의 포도 품종을 섞어서 만든 것이 블렌드다. 와인메이커가 사용하는 양조 방식에 따라 포도를 혼합하는 방법과 시점이 달라진다. 블렌드 와인은 보통 묵직하고, 과즙이 풍부하며, 주로 카베르네 소비뇽이나 메를로로 만든다.

침용(마세라시옹): 압착해서 나온 포도즙을 발효할 때 포도 껍질을 담가 놓는 것을 말한다. 주로 색깔을 내기 위함이며, 레드 와인은 최소 몇 주에서 두어 달까지 침용시킨다. 화이트 와인은 24시간 정도 지나면 색이 변하며, 일반적인 화이트 와인보다 오랫동안 침용시킨 와인을 오렌지 와인이라고 한다.

숙성: 우유는 아무리 오래 보관해도 치즈가 되지 않는다. 하지만 와인은 다르다. 와인을 열지 않고 보관하면 시간에 따라 변한다. 이것을 숙성이라고 한다. 숙성은 풍미를 변하게 하고, 맛을 더 좋게 만든다. 여러 이유로 다른 와인에 비해 숙성이 잘 되는 종류가 있다. 대표적으로 보르도 와인은 '숙성할 가치가 있는' 와인이다. 배우 해리슨 포드가 나이 들수록 멋있어지는 것처럼 말이다.

이산화황: 와인에서 자연적으로 나타나는 화학 물질이다. 하지만 와인 보존을 위해 와인메이커가 첨가하기도 한다. 말린 과일, 케첩, 탄산수처럼 우리가

평소에 먹는 음식에도 있고, 첨가되기도 하는 화합물이다.

타닌: 자연적으로 생기는 화합물로 와인에서 떫은맛이 나게 한다. 타닌이 많은 와인을 '타닌이 강하다'라고 하며, 마시면 입안이 쪼그라지면서 잇몸과 치아에 들러붙는 느낌이 든다. 지나치게 타닌이 강하거나 쓴 와인은 오래 숙성시켜서 부드럽게 만들어야 한다. 한편 타닌은 와인의 품질이 좋다는 증거이기도 한데, 와인을 저장고에 오랫동안 저장할 수 있다는 의미이기 때문이다.

산도: 오렌지, 레몬 등을 먹어본 적이 있다면 산이 무엇인지 알 것이다. 와인에서 산은 중요한 요소이며, 맛을 설명할 때도 쓰인다. 또한, 와인의 숙성 가능 기간에도 영향을 준다. 피노 누아나 리슬링처럼 산도 높은 와인은 대체로 오래 저장할 수 있다.

알코올 함량: 와인 라벨에 'ABV' 또는 'ALC'와 11-15% 정도의 비율이 표기된 것을 본 적이 있을 것이다. 이는 일정한 용량의 와인에 포함된 알코올의 비율을 뜻한다. ABV 15%가 4%보다 더 취하게 할 뿐만 아니라, 알코올 도수가 높을수록 와인 맛이 더 풍부하다. 도수가 낮은 와인은 상쾌하고 가벼우며 다음날 숙취가 덜 하다.

바디: 와인에서 바디는 입안에서 느껴지는 질감, 맛이 진한 정도를 말한다. 이 책에서는 라이트, 미디엄, 풀 범위에서 바디를 설명할 것이다. 라이트 바디 와인은 묵직한 풀 바디 와인보다 풍미가 은은하고 상쾌하며 가볍다. 색이 옅고 알코올이 13.5% 이하라면 라이트 바디인 경우가 많다. 미디엄 바디 와인은 풍미와 진한 정도가 중간이다. 너무 가볍지도, 너무 묵직하고 강건하지도 않다. 풀 바디 와인은 타닌, 알코올, 풍미가 모두 강하다. 보통 라이트나 미니엄 바디 와인에 비해 색이 짙다. 알코올이 15% 이상이라면 풀 바디라고 볼 수 있다.

드라이: 와인 초보자가 매장이나 식당에서 와인을 주문할 때 자주 던지는 용어로, '달콤하지 않은 와인'을 뜻한다. 달콤한 와인을 주문하면 디저트 와인이 나올 것이다. 드라이한 와인을 달라는 말이 틀린 것은 아니지만 따지고 보면 대부분의 와인은 드라이하다. 따라서 좋아하는 와인을 찾을 때 별로 도움이 안 되는 용어다. 식당이나 매장에서

'드라이'한 와인을 찾는 것은 맥도날드에서 '흠, 초밥은 별로 안 당기는데…'라고 말하는 격이다. 원하는 와인을 찾을 때는 '묵직한', '가벼운', '흙냄새 나는' 또는 '과일 향 나는'과 같이 표현하는 편이 낫다.

묵직한: 레드 와인을 설명할 때 많이 사용되는 용어다. '묵직한 와인'은 강렬하고, 무겁고, 알코올 도수가 높으며 과즙이 풍부하고 때로는 달콤하다. 예로는 카베르네 소비뇽과 시라즈가 있다.

진한: 화이트 와인과 레드 와인 모두 진하다는 설명을 할 수 있다. 초콜릿 케이크를 한입 가득 먹었을 때의 느낌을 떠올려 보자. '풀 바디'와 비슷한 뜻이다.

크리미: 화이트 와인 중 이런 질감이 나는 것이 있다. 크리미한 와인은 입 안에서 진하고, 부드럽고, 무겁게 느껴진다. 레몬처럼 새콤한 음료보다는 크림을 마시는 것 같다. 크리미한 화이트 와인은 풀 바디인 경우가 많으며, 샤르도네가 대표적이다.

상쾌한: 이 단어도 화이트 와인의 질감을 표현할 때 쓰이며, '갈증을 풀어주는 와인'을 뜻한다. 크리미와 반대되는 개념으로 차가운 컵에 담긴 레모네이드와 비슷하다. 상쾌한 화이트 와인은 주로 라이트 바디다.

코르크드: 코르크에 사는 특정 박테리아 때문에 와인에서 더러운 양말 같은 맛이 날 수 있다. 종업원이나 소믈리에가 손님에게 와인을 조금 맛보게 하는 것은 이 더러운 양말 맛이 나는지 먼저 확인해 보라는 의미다. 병 안에 코르크 조각이 빠져 있는 상태라고 생각하면 안 된다.

오크, 오키, 오크 향: 오크통에서 숙성시킨 와인은 통에서 나는 맛이 배어있

을 수 있다. 풍미는 독특하며 바닐라, 캐러멜, 계피 향이 난다. 오크에서 숙성시키는 증류주인 버번이나 위스키를 떠올려 보자. 오크향은 사용한 적 있는 통보다 처음 사용하는 통에서 더 강렬하게 배어 나온다. 새 통을 보통 '새 오크'라고 한다.

침전물: 레드 와인이 숙성되면 작은 알갱이가 생기며 병 바닥에 가라앉는다. 침전물을 마셔도 상관은 없지만 보통은 마시고 싶어 하지 않는다.

디캔팅: 병 안에 든 와인을 다른 용기로 옮기는 과정을 말하며, 디캔터라고 부르는 유리병으로 옮겨 붓는다. 보통 오래된 와인의 침전물을 제거하기 위해서 또는 숙성이 덜 된 어린 와인을 부드럽게 만들어 맛을 좋게 하기 위해 디켄팅을 한다.

매그넘: 일반 750밀리리터 와인 2병의 양인 1.5리터짜리 와인을 말한다.

퀴베: 동일한 생산자가 만든 여러 와인의 차별화를 위해 사용된다. 특정 포도밭에서 생산되거나, 특별한 포도 블렌드로 만드는 경우가 많다. 벤츠가 (SL 500 또는 CLS 450) 자동차를 분류하거나 나이키가 (에어 맥스, 에어 포스1) 운동화를 분류하는 것처럼, 비슷해 보이지만 품질이나 특징에서 차이가 있는 상품들을 생산하는 기업을 생각해보자.

크뤼: 포도밭을 정말 멋지게, 그리고 완전 프랑스식으로 일컫는 말이다.

그랑 크뤼: 부르고뉴에는 포도밭을 법적으로 분류하는 체계가 있다. 그 작은 땅덩어리에서 생산된 포도의 품질에 대해 등급을 매기는 셈이다. 그리고 그 중 그랑 크뤼는 가장 높은 등급이다. 또한, 상파뉴 지역에서 최상급 포도를 생산하는 것으로 알려진 몇몇 마을 이름을 강조하기 위해서도 사용된다.

프르미에 크뤼: 부르고뉴 포도밭에서 그랑 크뤼보다 한 단계 낮은 등급이다. 샹파뉴에서도 사용하긴 하지만 흔하지는 않다. 보르도 지역에서는 특정 와이너리를 분류하기 위해 사용되며, 최고 등급으로 친다. 한편, 이 포도밭들이 매우 훌륭한 것은 사실이지만 세상에는 '등급이 없으면서' 맛있는 와인도 아주 많다. 좋은 와인을 포괄적으로 지칭하는 용어가 없을 뿐이다.

크레망: 프랑스에서 샹파뉴 지역이 아닌 다른 지역에서 생산된 스파클링 와인을 말한다('샹파뉴 지역' 46쪽 참조).

신대륙: 유럽 이외의 와인 산지를 말한다.

구대륙: 유럽 안에서도 와인을 만들어 온 전통이 있는 나라의 와인 산지를 말한다.

생산자: '와이너리' 또는 '제조업체'와 비슷한 말이다. 와인을 만드는데 필요한 모든 것들을 책임지고 있는 회사이며, 사업체를 운영하면서 농사, 양조, 마케팅, 판매 등을 모두 맡아서 한다.

빈티지(수확 연도): 병에 적혀 있는 년도이다. 빈티지는 포도를 수확한 해를 뜻한다.

와인메이커: 양조를 책임지는 사람이다. 와인메이커가 생산자일 수도 있고, 그런 경우가 많다. 그러나 생산자가 와인메이커를 고용하는 경우도 많다. 심지어 동시에 여러 생산자를 위해 와인을 만드는 와인메이커들도 많다.

소믈리에: 식당에서 일하는 와인 전문가를 가리키는 프랑스어다. 소믈리에는 여러 자격증을 보유하기도 하는데, '어드밴스드', '마스터' 등이 있다. 태권도

에서 여러 색깔 띠가 있는 것과 비슷한
데, 어린이에게는 소믈리에 자격증을
주지 않는다는 차이가 있다. 소믈리에
가 모두 자격증을 가진 것은 아니다. 검
은 띠를 따야만 발차기를 잘하는 것이
아닌 것과 같은 이치다.

와이너리: 와인을 만드는 시설이다. 빈
야드와 혼동하지 말자.

IAQs

자주 묻는 질문들

와인에 대해 알아갈 때 가장 힘든 부분은 기본적인 지식도 어려울 수 있다는 점이다. 우리는 우선 당신이 살면서 와인을 마셔본 적이 있고, 와인이 ①포도로 만들어졌다. ②술이다. 라는 기본 사실을 알고 있다고 가정하여 진행할 것이다. 그렇다면 포도즙이 어떻게 유명한 부르고뉴 와인으로 변하는지 알고 있는가? 혹은 샴페인에 거품이 있는 이유는? 아니면 로제 와인을 어떻게 만드는지는? 사람들이 와인을 숨 쉬게 해준다고 말하는 이유는? 왜 그래야만 할까?

이런 문제들에 대한 답은 거의 한 가지 이상이다. 그래서 와인 공부가 더욱더 두려울 수 있다. 그럼에도 기본은 매우 중요하다. 와인 공부를 더하기 위해서만이 아니라, 이런 문제들의 답을 알고 있으면 자신감이 생기기 때문이다. 지식에 대한 자신감이야말로 다양한 지식을 얻기 위한 디딤돌이다. 무엇이든 물어보자. 지금은 아무도, 그리고 아무것도 신경 쓸 필요가 없으니 마음껏 물어보자.

와인 자체에 대한 질문들

와인은 어떻게 만들까?

와인은 발효를 거쳐서 알코올로 변한 포도즙이다. 즙에 포함된 당분이 효모와 만날 때 발효가 일어난다. 이게 전부다.

라고 한다면 편하겠지만, 사실 이렇게 단순하지는 않다. 포도즙을 그냥 와인으로 만드는 것과 마실 만한, 마시고 싶을 정도의 와인으로 만드는 것은 천지 차이다. 시중에 유통할 수 있는 정도의 와인을 만들기 위해서는 상당한 기술이 필요하고, 방법도 다양하다. 지역마다, 그리고 와인 메이커마다 다른 생산 과정을 거친다.

먼저 포도나무에서 포도를 딴 다음에 일어나는 일부터 이야기하려고 하는데, 그 전에 일어나는 과정은 농사이다. 이 책은 농업에 관한 책이 아니기 때문에 재배 과정을 다루지는 않겠지만, 경작, 토양, 날씨의 중요함에 대해서는 나중에 더 다룰 것이다(궁금해서 못 참겠다면 40쪽으로). 하지만 지금은 포도를 수확한 이후에 일어나는 과정에 집중하자.

먼저 나무에서 포도를 딴 후, 압착해서 과즙과 껍질 및 줄기를 분리한다. 압착할 때는 발로 밟거나 기계를 사용한다. 과즙을 얻은 후 와인 메이커는 껍질을 과즙에 담가놓는다. 이때 와인에 풍미와 색깔을 더해

줄 것인지, 아니면 바로 건져낼 것인지를 결정한다. 껍질을 티백이라고 생각하자. 오래 담가놓을수록 더 진해진다. 이 과정을 침용이라 부르며, 보통 2주일 정도 걸린다.

와인메이커는 침용이 끝나면, 펌프로 와인을 퍼서 다른 통으로 옮긴다. 이 부분이 중요하다. 숙성이 진행되는 통의 재질이 다양하기 때문이다. 오크, 시멘트, 스테인리스 스틸과 같은 재질 중 어떤 것을 선택하는지에 따라 매우 다른 결과를 얻는다. 오크는 와인에 계피, 바닐라, 향신료 향을 더해주고, 스테인리스 스틸은 특별한 향을 주지 않는 대신 깨끗한 특징을 유지하도록 해준다. 시멘트는 최종 결과물에 특별한 맛을 더해주지 않는다는 점에서 스테인리스와 비슷하다. 와인메이커가 추구하는 스타일에 따라 통의 선택과 숙성 기간이 크게 달라진다. 보통 화이트 와인은 몇 개월에서 1년까지 숙성시키고, 레드 와인은 6개월에서 3년까지 숙성시킨다. 가끔 예외도 있지만, 일반적으로는 이런 식이다.

와인 숙성이 끝나면 병에 담아 코르크로 막고, 병 안에서 추가 숙성을 시키거나 취향에 따라 마시면 된다.

와인을 왜 숙성시킬까? 와인의 최고 장점 중 하나가 시간이 지나면서 맛이 점점 좋아진다는 것이다. 그래서 주변에서 아름답고 오래된 물건을 보면 "훌륭한 와인처럼 숙성되었다"고 말하기도 한다. 1950년대에 만든 덴마크산 빈티지 의자나, 영화배우 메릴 스트립이 그렇다. 와인을 숙성하면 산, 알코올, 화합물이 여러 방식으로 상호작용하며 특징을 변하게 한다. 결과적으로 맛과 향, 색이 달라지며, 어떤 와인은 이 과정을 통해 매우 맛있어진다. 와인 숙성은 포도 품종, 산도, 타닌, 양조 방식, 그리고 빈티지를 모두 고려해야 한다.

스파클링 와인 기포는 어떻게 만들어질까?

스파클링 와인을 만드는 포도도 일반 와인과 마찬가지로, 농사가 끝나면 으깨어 즙을 내고 발효시켜 와인을 만든다. 그다음 과정에서 기포를 만드는데, 기포를 만드는 방법은 꽤 다양하다. 자연적으로든 인위적으로든 이산화탄소를 이용하는데, 그 차이점은 복잡하니 지금 자세히 다루지는 않겠다. 샴페인을 만드는 방법과 스파클링 와인을 만드는 방법이 다르다는 사실만 기억하자. 세계 다른 지역의 와인메이커들도 샴페인을 만드는 기법을 사용해서 스파클링 와인을 만들 수 있지만, 그 스파클링 와인은 샴페인이 될 수 없다. (46쪽 샹파뉴 참조) 그냥 스파클링 와인이라고 불러야 한다. 그리고 세상에는 '그냥 스파클링 와인'이 많다.

이탈리아와 스페인, 프랑스 내의 샹파뉴 이외의 지역에서도 여러 가지 포도로 프로세코, 카바, 크레망과 같은 발포성 와인을 만든다. 모두 맛볼만한 훌륭한 와인들이며, 일반적으로 샴페인보다 가격이 낮다. 하지만 복합미는 약간 덜하다.

내추럴 와인이란?

혹시 내추럴 와인에 푹 빠진 친구가 있는가? 도대체 내추럴 와인이 무엇일까? 아마 그 친구도 정확하게 모를 것이다. 솔직히 말하면 우리도 알려주기 힘들다. 우선 설명을 하려면 '전통적인 와인', '상업적인 와인', '내추럴 와인', '최소 개입 와인'의 기준과 미묘한 차이점부터 논해야 한다. 정말 복잡 미묘한 주제다.

그럼에도 내추럴 와인을 좀 쉽게 설명하자면 대체로 다음 조건에 해당한다고 보면 된다.

(a) 잘 알려지지 않은 지역에서

(b) 유기농법으로 재배하는 사람들이

(c) 이산화황과 같은 첨가물을 사용해서 양조 과정을 통제하거나 개선하지 않으면서, 포도가 저절로 발효해서 와인이 되도록 내버려 둔다.

내추럴 와인을 하나로 묶을 수 있는 주요 공통점도 있다. 대체로 알코올 도수가 낮고, 감칠맛이 나고, 약간 (또는 심하게) 고릿한 냄새가 난다. 또 뿌옇거나 연분홍색이나 주황색처럼 이상한 색깔을 띨 때가 많다. 정말 와인 세계에서 머펫* 같은 존재다. 엉뚱하고 말도 안 되지만 귀엽다.

결국 내추럴 와인을 정의하기 어려운

내추럴 와인을 많이 생산하는 지역
• 프랑스 루아르 계곡
• 프랑스 쥐라
• 이탈리아 시칠리아
• 오스트리아 부르겐란트
• 스페인 카나리아 제도
• 멕시코 바하
• 조지아 (국가)
• 레바논

가장 큰 이유는 규칙이 없기 때문이다. 그래서 많은 사람이 좋아하기도 한다. 규칙이 없기 때문에 지식 장벽이 없다. 누구나 똑같은 출발 선상에서 배우고 탐색한다. 덕분에 와인 생산에 입문하는 사람들에게 와인에 대한 열정만으로 뛰어들 수 있는 계기를 제공하는 '입문용 통기타' 역할을 한다. 바람직한 현상이기는 하지만 내추럴 와인만 마시는 것은 권하지 않는다.

---

* 미국의 유명한 인형극 캐릭터들 (맞은편 그림. 머펫들이 와인을 즐기고 있다).

스킨 컨택트 와인이란?

요즘 와인 가게에 가거나 와인 리스트를 보면 '스킨 컨택트 와인', '오렌지 와인', '침용 와인'이라는 분류를 볼 수 있다. 모두 같은 말이다. 원래는 고대의 양조법이었는데 90년대에 다시 유행하기 시작했다. 스킨 콘택트 와인은 문자 그대로 이해하면 된다. 청포도 과즙을 발효시키는 동안 껍질을 담가 놓는 것이다. 이 과정을 거치면 풍미가 달라지고 오렌지색도 짙어지는데, 껍질을 오래 담가놓을수록 색이 더 진해진다.

보통 스킨 컨택트 와인은 누구나 한 번쯤 들어 봤을 포도인 소비뇽 블랑이나 피노 그리지오 같은 포도로 만든다. 그러나 맛은 완전히 다르며, 강하고 시큼할 때가 많다. 그 맛을 무척 좋아하는 사람들도 있지만… 호불호가 확실하게 나뉜다.

도대체 로제가 무엇일까?

여러분은 로제 와인을 마셔본 적이 있을 것이다. 그런데 로제 와인이 무엇인지 알고 있는가? 일단 레드 와인과 화이트 와인을 조금씩 섞은 것은 아니다. 그렇게 만들면 망한다. 우리도 한 번 시도해보았는데, 입맛만 버렸다.

실상은 포도밭에서 수확할 때 제대로 익지 않은 포도로 만드는 와인이 대부분의 로제다. 와인메이커가 주력으로 만드는 와인에 사용하기에는 너무 시고 색이 부족한 포도로 만든다는 뜻이다. 하지만 신맛은 무더운 날 시원하게 마실 와인을 만들 때 장점이 된다. 그래서 신 포도로 와인을 만들어, 봄방학에 맞춰 판매할 수 있도록 가능한 한 빨리 병

와인에 빠지는 방법

입해서 출고한다. 오크 숙성 과정이 짧으면 시간을 절약할 수 있고, 따라서 비용도 절감된다. 덕분에 로제의 가격이 비싸지 않은 것이다.

와인을
어떻게 다뤄야 할까?

와인을 어떻게 보관할까?

와인은 변질되기 쉽다. 우유나 생선처럼 빨리 상하지는 않지만 제대로 보관하지 않은 와인은 결국 식초로 변한다. 다행스럽게도 와인을 적정 상태로 보관하는 일이 어렵지는 않다.

금방 마실 와인이라면 보관 방법에 대해 고민할 필요가 없다. 대략 일주일 안에 마실 계획이라면 뜨끈한 방바닥이나 자동차 트렁크를 제외한 그 어떤 장소에 두어도 상관없다. 지나치게 높거나 낮은 온도만 피하면 된다. 몇 개월 안에 오픈할 와인이라면 냉장고에 보관하면 된다. 와인이 저온에 약한 것은 아니기 때문이다. 마시기 전에 와인을 냉장고에서 꺼내 적정 온도까지 온도가 올라가도록 두기만 하면 된다.

와인을 모을 계획이거나 이미 여러 병을 보유하고 있어서 와인을 따로 보관하는 문제가 중요하다면, 작은 와인 냉장고 구매를 고려해보자. 와인 냉장고는 와인이 잘 숙성될 수 있는 이상적인 온도와 습도를 유지하도록 특수하게 설계되었다. 또한, 병을 옆으로 눕혀놓는 구조이기 때문에 코르크가 와인과 닿아 있는 상태로 유지된다. 그런 상태가 아니라면 코르크가 마를 수 있고, 병 안으로 산소가 유입되어 와인이 변질된다. 와인 냉장고는 다양한 형태와 크기, 그리고 가격대로 나오기 때문에 자신이 원하는 사양으로 고를 수 있다.

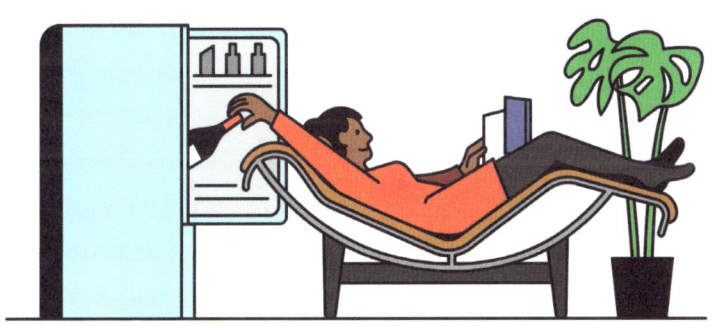

와인에게 적당한 온도는?

와인의 온도는 보관할 때와 마실 때 모두 중요하다. *소믈리에들은 레드 와인이라면 12.8~15.6도, 화이트 와인이라면 4.4~7.2도의 온도로 마시는 것이 이상적이라고 말한다.* 하지만 정확하게 온도를 맞춰야 하는 것은 아니니, 와인 냉장고가 없어도 걱정할 필요는 없다. '15분 법칙'이라는 간단한 팁만 따르면 된다. 레드 와인의 경우 실온에 두었다가 (실내 온도를 31.1도로 유지하지 않는다는 가정하에) 마시기 15분 전에 냉장고에 넣는다. 화이트 와인은 냉장고에 넣어 두었다가 마시기 15분 전에 꺼낸다. 15분. 이것만 기억하면 된다.

와인을 제대로 마시기 위해 필요한 도구

좋은 소식: 필요한 도구가 몇 개 없다.

우선 기본적인 오프너(코르크스크루)가 필요하다. 이 만능 도구만 있으면 어떤 와인병이라도 잘 열 수 있다. 오프너는 저렴하고, 전 세계의 최고급 레스토랑과 와인 바에서도 사용하는 도구이다. 건전지를 넣는 오프너 또는 조리대에 고정해서 사용하는 오프너를 사라는 유혹에 넘어가지 말자.

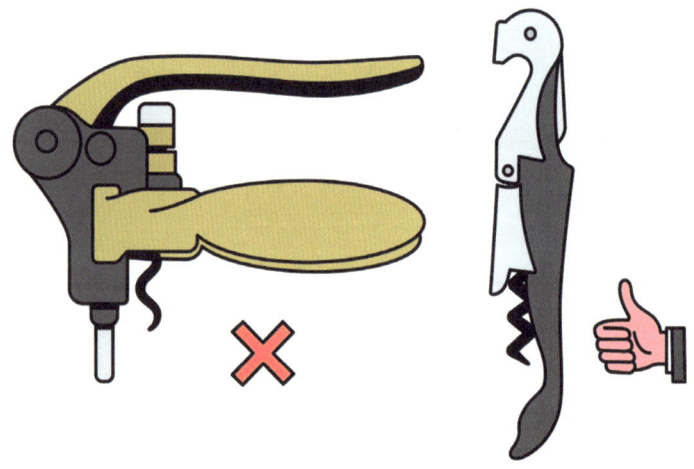

특정 와인은 특별한 잔에 마셔야 제대로 맛볼 수 있다고 하는 사람들이 있다. 아마도 와인 잔을 판매하려는 사람들일 것이다. 보르도 잔과 피노 누아 잔, 그리고 음각 장식이 있는 잔을 사야 할 이유는 전혀 없다. 시중에 여러 가지 모양과 크기의 와인 잔이 있지만, 다목적 와인

와인에 빠지는 방법

잔 한 가지만 있으면 충분하다. 샴페인 잔을 갖고 싶다면 사도 좋다. 그러나 샴페인을 마실 때 샴페인 잔과 다목적 잔의 차이는 잔을 들고 있을 때의 고급스러운 느낌밖에 없다.

우리는 누구나 편안하게 와인을 마셔야 한다고 생각한다. 하지만 정말 어쩔 수 없는 상황이 아닌 이상 물잔, 커피 잔 또는 밥그릇에는 마시지 않기를 권한다. 기본 와인 잔의 모양은 향이 저절로 올라오도록 해주며, 향을 맡는 것은 와인을 마시는 경험에서 중요한 부분이다. 또한, 스템이 있는 와인 잔을 사용하기를 적극적으로 추천한다. 와인 잔의 둥근 부분을 잡고 있으면 체온 때문에 와인의 온도가 변한다는 이야기를 들어본 적이 있을 것이다. 어느 정도는 사실이다. 하지만 솔직히 말하면 기름기 있는 손가락으로 잔을 더럽히지 않는 것이 더 중요하다.

와인 오프너 사용법

1.

포일 제거하기. 병 입구에서부터 두 번째 턱에 칼날을 대고 포일을 잘라낸다(제일 위에 있는 턱 말고). 칼날을 눌러가며 병목을 빙 둘러서 자른다. 잘라낸 위쪽 포일을 벗겨내어 버린다. 만약 포일이 아닌 단단한 밀랍으로 싸여있으면 오프너로 두드려서 조금씩 부순다. 말랑말랑한 밀랍으로 싸여있다면 무시하고 다음 단계로 간다.

2.

스크루를 넣기. 병을 테이블 위에 놓고 꽉 잡는다. 테이블이 없다면 바닥, 자동차 보닛, 또는 평평한 곳 아무 데나 놓는다. 병을 다리 사이에 끼우지는 말자. 이제는 정말로 스크루('웜'이라고 부르기도 한다)를 돌릴 준비가 되었다. 코르크의 가장자리보다는 위쪽 가운데에 꽂으려고 해본다. 스크루의 마지막 나선 모양이 코르크 안에 박혀 완전히 안 보일 때까지 돌려 넣는다. 이제 끝나 간다.

3.

코르크를 잡아당겨 빼기. 오프너의 지지대를 병 입구에 걸고 가능한 수직으로 잡아당긴다. 탄산음료 캔을 열 때 손잡이를 들어 올려 여는 것과 비슷하다. 코르크가 한 번에 완전히 안 빠질 수도 있다. 그러면 손으로 나머지 부분을 비틀어서 빼면 된다.

코르크가 부서지면 어떻게 해야 할까? 만약 코르크가 깨끗하게 반으로 잘렸다면 오프너로 남아있는 부분을 제거해본다. 아니면 병 안으로 코르크를 밀어 넣어 버린다. 그리고 와인을 체에 걸러 다른 용기로 옮긴다. 보관이 잘못되었을 경우 코르크가 완전히 가루로 부서지거나, 병 안쪽에 들러붙을 수 있다. 이 두 가지의 경우 와인이 무엇인가 잘못되었거나, 변질되었을 가능성이 크다.

'와인을 숨 쉬게 해준다'는 것은 무엇일까?

'와인을 숨 쉬게 해준다'라는 말은 와인 전문가 행세를 하고 싶을 때, 또는 와인에 공기를 접촉시켜 맛을 변화시키려고 할 때 쓰는 말이다. 와인이 산소와 닿으면 특징이 약간 변할 수 있기 때문이다. 와인이 더 맛있어지기도 하고 별 차이가 없을 때도 있다. 결론은 와인 심폐소생술에 그다지 신경 쓰지 않아도 된다는 말이다. 잔에 막 따랐을 때 맛이 별로 없다면 아마 15분이 지난 다음에도 맛이 없을 것이다.

어떤 와인을 디캔팅 해야 할까? 오래된 레드 와인은 병 밑바닥에 침전물이 남아있을 때가 많다. 그런 와인을 디캔터에 따르면 깨끗한 액체와 와인 찌꺼기를 분리할 수 있다. 방법은 다음과 같다.

1. 와인을 디캔터에 천천히 따른다(거꾸로 들고 확 따르지는 말자).
2. 병 밑바닥에서 약 2.5센티미터 높이만큼 와인을 남긴다.

와인 마시는 법에 대한 질문들

사람들은 왜 와인 향을 맡을까?

대부분 이 행동을 해야 와인을 마실 줄 아는 것처럼 보인다고 생각할 것이다. 하지만 보여주기만을 위한 행동은 아니다. 와인 향을 맡는 것을 와인 마시는 일의 일부라고 생각하자. 이는 와인을 또 다른 감각으로 느낄 수 있도록 해줄 것이다. 향기는 강렬한 기억과 관련 있는 생각들을 떠오르게 해주고, 와인을 더 마시기 좋게 만들어준다. 이를테면 라벤더나 싱싱한 과일처럼 좋아하는 향기가 떠오를 수 있다. 당신에게 문제가 있는 상태라면 테니스 공같은 냄새가 느껴질 수도 있지만 말이다. 또한, 코르크의 박테리아나 잘못된 보관으로 인해 와인이 변질되었는지 확인하기 위해 향을 맡기도 한다.

사람들은 왜 와인 잔을 돌릴까?

잔을 돌리면 냄새가 코 가까이 다가오기 때문에, 향을 맡을 때 코끝에 와인을 묻히지 않아도 된다. 따라서 잔을 돌리면 와인 향기가 더 확실해진다. 그래서 먼저 돌린 후 향을 맡는 것이다.

와인은 어떻게 맛볼까?

와인을 맛보는 일은 혀에 문제가 없다면 선천적으로 가능한 일이다. 그러니 *맛보는 법을 배울 필요는 없다. 집중하는 법을 배우기만 하면 된다.* 집중이 필요한 이유는 우리가 느끼는 맛을 단어로 표현하기 위함이다.

사람들은 와인이 '감칠맛이 난다.', '후추 맛이 난다.' 또는 '상큼하다.'라고 표현한다. 이런 단어들을 머릿속에 담아두면 표현에 참고가 될 수 있다. 또한, 맛을 기억하기 쉽게 해주어서, 다음에 무언가를 맛보았을 때 무슨 와인이었는지 쉽게 떠올릴 수 있다. 기억에 도움이 되는 자신만의 단어를 사용하고 싶다면 그렇게 하자. 그러나 그것보다는 소비뇽 블랑에서 자몽 맛이 난다고 기억하는 편이 쉬울 것이다. 실제로 자몽 맛이 나기 때문이다.

그렇다면 와인에서 어떤 맛이 나는지 어떻게 구별할까? 다음 세 가지 기본 요소에 집중하며 맛보자.

바디: 입안에서 느껴지는 질감을 말한다. 화이트 와인은 레모네이드처럼 가볍고 상큼하다거나, 올리브유를 한 입 머금었을 때처럼 묵직하다고 표현할 수 있다. 레드 와인은 커피에 비유할 수 있다. 블랙커피처럼 가볍고 산도가 있다, 혹은 크림 네 숟갈, 설탕 두 숟갈 넣은 것처럼 묵직하고 달콤하다고 표현할 수 있다. 와인으로 만들었을 때 특유의 바디감이 생기는 포도가 있다. 예를 들어 소비뇽 블랑으로 만든 와인은 언제나 가볍고 상큼하다. 카베르네 소비뇽은 기본적으로 크림 올린 카페모카처럼 묵직하다.

향: 후각과 미각이 밀접하게 연결되어있다는 것은 분명하다. 냄새는 맛을 구별하는 데에 큰 도움이 된다. 와인에서 흙 풍미는 맛보다는 향에서 느꼈을 것이다. 또 무슨 향이 나는가? 꽃향기? 과일 향? 스모크 향? 당신의 콧구멍을 믿어보지.

맛: 맛은 혀로 느끼는 것이며, 가장 진실한 감각이다. 여기서 중요한 혀 사용법을 한 가지 알려주겠다. 혀는 전체를 다 사용하자. 오래전 과학 시간에 배운 바에 따르면 혀에는 미뢰가 존재한다. 그런데 와인, 맥주 등 음료를 마실 때 보통 혀 가운데를 지나 바로 삼켜버린다. 그러면 많은 미뢰가 맛의 파티에서 소외되어 심심하게 지내게 된다. 다른 미뢰들도 맛의 파티에 초대하자. 아무것도 안 하기엔 아까운 존재들 아닌가?

맛을 구별하는 세 가지 요소를 알아보았다. 다음으로 와인의 특징을 결정짓는 세 가지 요소인 오크 향, 과일 맛과 감칠맛, 산도에 대해 알아볼 것이다.

오크통 안에 오래 둔 와인에는 나무 냄새가 많이 스며든다. 이 오크향은 특징이 강하여 쉽게 알아차릴 수 있다. 바닐라, 향신료, 캐러멜, 정향, 때로는 스모크 향이 느껴진다. 오크통 대신 스테인리스나 콘크리트 통에서 숙성시킨 와인은 맛이 비교적 깔끔하고, 순수한 과일 향이 느껴진다.

와인은 과일로 만든 술이지만 어떤 와인에서는 버섯, 올리브, 또는 후추 같은 감칠맛이 느껴진다. 부르고뉴 화이트와 슈냉 블랑은 감칠맛 나는 화이트 와인의 좋은 예다. 리오하와 프랑스산 카베르네 프랑도 레드 와인 중에서 감칠맛이 나는 와인에 속한다. 과일 맛이 나고 달콤한 편에 속하는 와인을 꼽으라면 소비뇽 블랑이나 리슬링, 캘리포니아 피노 누아 또는 말벡이 있다.

와인에 빠지는 방법

마지막으로 살펴볼 와인의 중요한 요소는 산도다. 산도는 와인 맛에 엄청난 영향을 준다. 샤블리, 드라이 리슬링, 부르고뉴 레드, 북부 론의 시라, 브루넬로와 바롤로는 모두 산도가 높은 와인이고, 덕분에 새콤한 맛이 난다. 이 와인들을 좋아한다면 산도 높은 와인을 좋아하는 것이다.

지금까지 살펴본 요소들에 주의를 기울인다면, 당신이 무엇을 좋아하는지 더 빨리 찾아내고, 좋아하는 새로운 와인을 더 자주 발견할 수 있을 것이다. 그런 다음 당신은 다음과 같이 말할 수 있게 된다.

"나는 산도가 높으면서 과일 맛보다는 주로 감칠맛이 나는 풀 바디 와인을 좋아한다."

자신이 좋아하는 와인을 아는 것은 대단한 일이다.

아무 생각 없이 와인을 벌컥벌컥 마시는 대신 조금씩 맛보면서 생각할 준비가 되었다면, 이제 와인을 마셔보자. 경험도 중요하니까.

생산지 이야기

알아야 할 지역

와인 공부를 하다 보면 반드시 접하게 되는 단어가 있는데, 바로 테루아르다. 흙이 있는 토지 즉 '땅'이라는 의미의 프랑스어다. 테루아르는 와인에서 아주 중요한 부분이다. 훌륭한 와인은 포도나무를 심고 수확했던 테루아르의 고유한 특징이 나타나기 때문이다. 점토, 화강암, 점판암, 석회암 등 토양에 포함된 성분이 그 땅에서 자라는 포도에 특정한 맛을 부여한다. 또한, 기후도 중요한 역할을 한다. 기온, 일조량, 강수량 등 날씨와 관련된 요소들은 모두 포도, 그리고 최종 생산되는 와인에 큰 영향을 준다. 이 모든 요소를 종합해보면 생산지에 대해 아는 것이 와인을 이해하는데 있어서 무척 중요하다는 사실을 깨달을 수 있다.

백악질 토양으로 이루어진 추운 지역에서 생산되는 와인과 점토질이 풍부하고 따뜻한 지역에서 나는 와인은 매우 다르다. 그런데 멀리 떨어져 있지만 비슷한 기후와 비슷한 토양 구성을 가진 지역이 있다면 어떨까? 심지어 지구 반대쪽에 있을 수도 있다. 피노 누아가 프랑스의 부르고뉴 지역뿐 아니라 미국 오리건주에서도 잘 자라는 이유가 여기에 있다. 세계 지도에서 두 지역의 위도를 보면 거의 같은 선상에 있다. 그 말은 비슷한 특징을 가진 환경이라는 뜻이다. 수천 킬로미터 떨어진 지역인데도 말이다.

지금 여기에서 테루아르, 토양, 기후 패턴의 미묘한 차이를 깊이 파고들지는 않을 것이다. 하지만 세계적으로 중요한 와인 산지에 대한 기본적인 지식은 알려주려고 한다. 이런 지식으로 무장한다면 특정 포도에서 어떤 특징이 나타나는지와 그 이유를 더 잘 이해할 수 있을 것이다. 시작은 어려울 수 있다. 하지만 우리를 믿고 끝까지 따라온다면, 윤곽이 잡히며 조금 더 편하게 이해할 수 있을 것이다.

프랑스

프랑스에서는 많은 와인을 만들고, 아주 다양한 종류의 포도를 사용한다. 또한 많은 사람이 프랑스가 세계 최고의 와인들을 만든다고 말한다. 우리도 같은 생각이다.

프랑스에 대해 얼마나 알고 있는지는 사람마다 다르지만, 적어도 음식과 와인을 무척 진지하게 여기는 나라라는 것은 알고 있을 것이다. 와인은 프랑스의 역사, 경제 그리고 일상생활에서 무척 중요하다. 프랑스가 로마의 지배를 받던 시절부터 그러했다. 로마인들은 와인을 너무나 좋아했다. 그래서 와인이 언제나 충분할 수 있도록 가는 곳마다 포도를 심었다. 그런 로마인이 고마울 따름이다. 모든 면에서는 아니지만 와인만 보면 정말 고맙다.

한편 프랑스는 와인 공부를 할 때는 혼란스러운 나라다. 막 와인 공부를 시작했다면 특히 그렇고, 프랑스어를 읽지 못한다면 더욱더 그렇다. 수많은 규칙과 법에 따라 라벨과 등급이 결정되고, 와인을 생산하는 지역과 탐색할 중요한 와인들이 많다.

프랑스 와인은 사용된 포도 품종보다는 생산된 장소에 따라 이름이 정해진다. 피노 누아라고 하지 않고 부르고뉴라고 부르며, 가메라고 하지 않고 보졸레라고 한다. 장소를 중요하게 여기는 이유는 여러 가지가 있다. 대체로 와인의 품질과 가치를 파악하는 데 도움을 주기 때문이고, 양조 방식을 아는 데 도움을 주기도 한다.

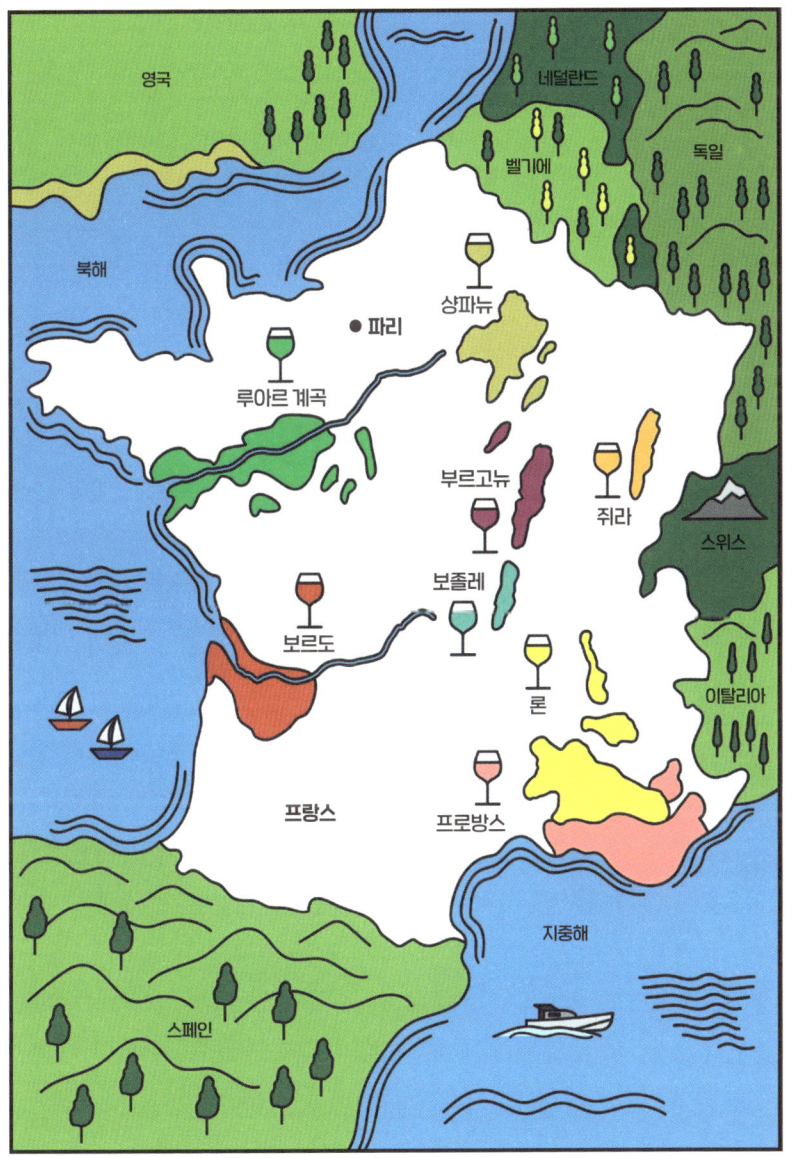

보르도 프랑스에서 가장 크고 유명한 와인 생산지이며, 가론강을 기준으로 좌안과 우안 두 부분으로 나눌 수 있다. 강 양쪽에서 나는 와인을 보면 블렌드에 들어가는 포도가 다르다. 보르도 좌안에서는 카베르네 소비뇽 위주로 와인을 만드는 반면, 보르도 우안에서는 메를로와 카베르네 프랑 위주로 만든다. 양쪽 지역 와인 모두 풀 바디이며 풍미가 무척 비슷하다.

보르도에는 가장 뛰어난 생산자들을 서열화해서 분류하는 역사적 체계가 있다. '1등급(first growth)' 또는 '2등급(second growth)'이라는 용어를 들어본 적이 있을 것이다. 이것들은 최상위 등급 두 가지인데, 포도밭에 있는 포도나무의 수령(오래될수록 좋다)을 가리키기도 한다. 이런 분류 체계를 표시하는 생산자라면 아주 오랫동안 와인을 만들어왔다는 사실을 보여주는 것이다. 그러나 보르도에는 이 시스템에 속하지 않으면서 훌륭한 와인도 많다.

부르고뉴 피노 누아와 샤르도네의 원산지이며, 포도밭으로 덮인 길고 완만한 구릉지다. 실제로는 상당히 작은 지역이며, 그 안에서 작은 마을 단위로 나누어져 있다. 그리고 마을들은 수많은 소규모 포도밭들로 나누어져 있다. 이 때문에 부르고뉴는 프랑스 최고의 와인 산지이자, 가장 혼란스러운 와인 산지이다. 이 혼란을 극복할 수 있는 유일한 방법은 서열화된 체계로 분류하는 것이다.

우선 코트 도르(황금색 언덕)라고 부르는 길게 뻗은 완만한 구릉지에서 출발하자. 쭉 뻗어있는 길쭉한 구릉지의 북쪽 반을 코트 드 뉘라고 부르는데, 부르고뉴 최고의 레드 와인이 나는 곳이다. 코트 도르의 남쪽 반은 코트 드 본이라고 한다. 코트 드 본에서는 부르고뉴 화이트 와인이 난다.

코트 드 뉘에는 레드 와인을 생산하는 마을인 주브레 샹베르탱, 모레 생 드니, 샹볼 뮈지니, 본 로마네, 뉘 생 조르주가 있다. 모두 아주 유명한 마을이며, 비싼 와인 생산지다. 레드 와인을 생산하는 중요한 마을 중 두 개는 코트 드 본에 있는데, 포마르와 볼네다.

코트 드 본에서는 대부분 화이트 와인을 생산하며, 뫼르소, 퓔리니 몽라셰, 샤샤뉴 몽라셰와 같은 중요한 마을들이 있다.

이런 유명한 마을이 아닌 오세 뒤레스, 상트네, 생 토뱅 같은 마을에서도 고품질 와인이 생산되는 것으로 알려졌다.

와인에 빠지는 방법

이제 부르고뉴에 대해 많은 정보를 얻었고 부르고뉴 와인이 무척 비싸다는 사실을 알게 되었다. 하지만 라벨에 부르고뉴 루주나 부르고뉴 블랑이라고만 표기된 와인을 볼 수도 있다. 이 지역에서 가장 싼 레드(루주) 또는 화이트(블랑) 와인을 말한다.

라벨을 읽을 때는 부르고뉴의 포도밭이 법적 분류 체계를 따르고 있다는 사실을 알고 있어야 한다. 조그만 땅에서 자라는 포도의 품질에 등급을 매기는 방식이다. 이 와인들은 라벨에 그랑 크뤼(최고 등급) 또는 프르미에 크뤼(두 번째 등급)라고 표기되어 있다. 하지만 이런 호칭을 달고 있지 않은 포도밭에서도 뛰어난 와인이 많이 생산된다. 다만 라벨을 읽고 구별하기는 어렵다. 그래서 훌륭한 생산자들의 이름이 중요한데, 이는 우리가 알려주려고 한다(124쪽 참조).

샤블리 부르고뉴를 가로지르는 주요 구릉 지역의 북쪽에 있으며, 샤르도네를 생산하는 지역이다. 지리적으로는 부르고뉴에 속하지 않지만, 법적으로는 속한다. (따라서 포도밭을 그랑 크뤼와 프르미에 크뤼로 분류하다). 샤블리는 추운 날씨와 토양 차이 때문에 부르고뉴 주요 지역에서 나는 와인에 비해 가볍고 산도가 높다.

샹파뉴 샴페인이 포도가 아니라 지명이라는 사실을 꼭 알아두자. 샹파뉴(영어식 이름: 샴페인)는 각각의 개성을 가진 여러 개의 작은 마을로 이루어진 넓은 지역이다. 하지만 모든 마을에서 같은 스타일의 와인을 생산한다. 지역만 본다면 포도를 재배하기에는 극한의 조건을 가진 곳이어서 맛과 생산 과정이 독특하다. 보통 포도가 자라는 곳보다 훨씬 북쪽에 있는 샹파뉴 지역은 기온이 낮아서 포도가 충분히 익지 않기 때문에 프랑스의 다른 지역에서 생산하는 전통적인 스틸 와인을 만들기 어려운 것이다.

론 계곡 프랑스에서 중요한 와인 생산 지역인데 북론과 남론으로 나눌 수 있다. 양쪽 모두 주로 레드 와인이 나고 대부분 색이 짙고 과즙이 풍부하다. 스모크 향이 나는 와인도 있다. 화이트 와인은 극히 소량만 생산되며, 종종 화이트용 포도가 레드 와인에 섞일 때도 있다. 북론 와인은 시라로 만들며, 세계 최고의 시라를 만드는 곳이다. 남론 와인은 그르나슈 위주의 블렌드다.

와인에 빠지는 방법

루아르 계곡 프랑스에서 가장 긴 강인 루아르강은 거의 처음부터 끝까지 포도밭으로 덮여 있다. 루아르는 화이트 와인, 그중에서도 소비뇽 블랑과 슈냉 블랑이 유명하다. 하지만 여기에서도 레드 와인이 약간 나는데 주로 카베르네 프랑으로 만든다. 세계 다른 지역에서는 주로 카베르네 프랑을 다른 포도와 블렌딩하지만, 루아르에서는 순수한 카베르네 프랑 와인을 찾을 수 있다.

쥐라 이곳의 와인은 부르고뉴 와인과 자주 비교되는데, 레드는 가볍고 화이트는 풍부하기 때문이다. 다른 품종도 있지만, 부르고뉴처럼 피노 누아와 샤르도네가 주로 재배된다. 쥐라는 몇몇 주요 생산자들의 성공 덕분에 내추럴 와인의 성지가 되었다. 내추럴 와인을 최초로 만든 사람들이 이곳에 와이너리를 소유하고 있고, 따라서 그런 스타일하면 쥐라를 연상하게 되었다. 가장 흔한 적포도는 트루소이며, 주목할 만한 청포도는 사바냉이다. 쥐라 와인의 특징을 한 가지 고르라면 약간 특이하고 굉장히 색다르다는 점이다.

보졸레 가메 품종의 고향이며 저렴하고 마시기 편한 와인의 대명사다. 보졸레는 부르고뉴와 가깝고 (바로 남쪽에 있다) 따라서 날씨와 지형이 비슷하다. 이런 이유로 보졸레와 부르고뉴 와인은 비슷한 특징을 가졌다.

이탈리아

이탈리아 와인은 세계에서 많이 소비되는 와인 중 하나다. 그러나 프랑스가 위대한 지역과 위대한 포도 몇 가지로 유명하다면, 이탈리아는 정반대다. 작은 마을마다 와인을 만들고 고유한 포도가 있지만, 마을 밖에서는 전혀 알려지지 않았다. 따라서 이탈리아 와인은 극도로 좁은 지역의 특징을 보여주며, 놀라운 와인들이 아주 많다. (이미 알고 있겠지만 맛있는 음식도 아주 많다)

이탈리아를 하나의 통일된 문화로 생각하지 않는 편이 나을 수 있다. 수많은 작은 문화들이 모여서 하나의 국가가 되었다고 생각하자. 다양한 지역과 와인 스타일 중에서 몇몇 주요 지역만이 세계적으로 성공을 거두었다. 그 지역들이 다른 지역보다 더 유명해진 이유를 꼬집어 말하기는 어렵다. 정말로 더 훌륭한 와인을 생산하는 마을들이 있기도 하고, 반면 사업과 마찬가지로 마케팅을 잘하고 적당한 가격 덕분인 경우도 있다. 다음은 다른 지역에 비해 유명해진 생산지들이다.

이탈리아 와인 작명은 정해진 관례를 따르는 경우가 별로 없다. 바롤로나 키안티 같은 와인은 장소 이름을 따서 지었다. 바르베라나 베르멘티노는 포도 품종을 라벨에 표기한다. 익숙해지려면 이탈리아 와인을 마시는 것이 가장 좋은 방법이다. 숙제라고 생각하고 마시자.

와인에 빠지는 방법

피에몬테 이탈리아 북서부의 내륙 지역으로 밀라노에서 가깝다. 먹고 마시러 가는 이유 말고는 딱히 갈 일이 없는 곳이지만, 그것만으로도 갈 이유는 충분하다. 캘리포니아의 나파 밸리와도 비슷한데 덤으로 파스타와 성까지 있다고 보면 된다.

이곳은 여러 종류의 포도가 자라지만 네비올로 포도의 원산지로 유명하며, 최고의 네비올로가 자라는 언덕 두 군데의 이름을 딴 와인 바롤로와 바르바레스코로 유명하다. 이 두 와인은 이탈리아가 가장 아끼는 위대한 와인이고, 그 지위에 부합하는 가격표를 달았다. 저렴한 바롤로는 맛이 없다고 보면 된다.

다른 적포도 몇 가지도 기억할 만하다. 바르베라는 네비올로보다는 타닌이 약하다. 즉, 덜 익었을 때도 거칠거나 떫지 않다. 돌체토와 프레이사는 과일 풍미가 풍부하다는 점에서 바르베라와 비슷하고, 편안하고 부담 없이 마시기 좋다. 적어도 이탈리아 사람들은 그렇게 마신다.

시칠리아 이탈리아 남쪽 끝에 있는 섬이다. 이탈리아가 장화 모양이면 시칠리아는 장화가 차고 있는 공이다. 이탈리아에서 가장 따뜻하고 이국적인 곳이기도 하다.

오랫동안 시칠리아에서 수출되던 와인은 대량생산되는 싸구려밖에 없었고, 포도 품종은 네로 다볼라라고 적혀 있었다. 그러다가 90년대 초부터 시칠리아 여러 지역의 고유한 포도로 와인을 만드는 사람들이 생겨났다. 그리고 다행히도 그들은 성공했다.

시칠리아에서 눈여겨볼 와인 생산지는 거대한 화산인 에트나 산 지역이다. 기후가 여타 지역과는 다른데, 꼭대기는 춥고 눈으로 덮여있지만, 아래쪽은 열대에 가깝다. 이런 독특한 조합 덕분에 다른 어떤 지역과도 차별화된 와인이 생산된다. 화이트는 상큼하고 짭짤하면서 꿀 향기가 난다. 레드는 스모크 향이 나면서 가볍고, 바로 마셔도 되고 오랫동안 저장할 수도 있다.

산악 지역 이탈리아 북부에는 긴 산맥이 있고 햇빛이 잘 드는 언덕마다 포도가 자란다. 베네토, 프리울리, 알토 아디제는 주로 피노 그리지오(맛없음)나 프리울라노(맛있음)처럼 저렴한 화이트 와인으로 유명하지만, 묵직하고 과즙 풍부한 레드 와인으로도 알려져 있다. 베네토(베네치아 근처)에서 생산되는 아마로네는 들어본 적이 있을 것이다. 아마로네는 건포도로 만든 비싸고 알코올 도수가 높은 와인이다. 정말로 건포도로 만든다.

해안 지역 앞에서 말한 것처럼 이탈리아의 작은 마을들은 모두 독자적인 포도와 전통을 자랑한다. 해안 지역에서도 마찬가지다. 리구리아와 캄파냐의 화이트 와인은 마시기 편하고 저렴하면서 언제나 차갑게 마셔야 한다. 이런 와인들은 반드시 메모해놓자.

토스카나 이곳에 가본 적이 없더라도, 사람들이 천국, 니르바나, 지상낙원 등 영원한 행복에 가까운 곳이라고 말하는 것은 들어본 적이 있을 것이다. 따사로운 햇살과 환상적인 음식이 가득하고, 포도가 풍성하게 자라니 이런 이야기는 당연하다. 토스카나 사람들은 삶을 즐기며 살아가는 방법을 알고 수백 년 동안 그렇게 살아왔다.

토스카나에서 중요한 와인 산지는 두 군데로 키안티와 몬탈치노다. 두 가지 모두 산지오베제라는 포도를 주로 사용한다. 산지오베제는 전형적인 미디엄 바디 와인으로 만들어진다. 감칠맛 나고 새콤하면서 파스타와 잘 어울린다. 하지만 무엇을 먹든 산지오베제를 곁들여보면 좋겠다는 생각이 든다.

몬탈치노는 토스카나 남부의 포도나무가 빽빽이 들어선 언덕 꼭대기에 있는 마을이다. 주요 와인 두 가지는 로쏘

디 몬탈치노와 브루넬로 디 몬탈치노다. 두 가지 모두 산지오베제만으로 만들었지만, 흙냄새가 나면서 진한 브루넬로에 비해 로쏘는 가볍고 상큼하다. 브루넬로를 좋아한다면 안심하고 로쏘디 몬탈치노를 사도 된다. 브루넬로처럼 오래 숙성시키지 않았기 때문에 언제나 더 저렴하다.

키안티는 피렌체와 시에나 중간쯤에 있는 구릉지로, 사진에서 특히 아름다워 보인다. 생산자들이 가장 싼 와인을 만들어 파는 것에만 신경 쓰던 시절에는 평판이 좋지 않았다. 그러나 지역 전체를 살펴보면 주요 마을에 있는 일부 생산자들은 이탈리아에서 가장 훌륭한 와인들을 생산한다. 주로 산지오베제 포도를 사용하지만, 다른 포도를 혼합하기도 한다. (법적으로 허용된다) 최고의 마을에서 생산된 와인을 마시려면 키안티 클라시코를 찾아보자.

토스카나에서는 키안티와 몬탈치노 이외의 지역에서도 와인을 만든다. 그 레드 와인들을 설명하기 위해 사람들이 자주 사용하는 용어가 수퍼 투스칸이다. 수퍼 투스칸을 명확하게 정의하기는 어렵지만, 대략적으로 카베르네 소비뇽, 메를로, 시라 등 프랑스 포도 품종으로 만든 토스카나 레드 와인을 말한

다. 이 지역에서는 1960년대부터 이런 포도를 심어서 상업적인 성공을 크게 거두었다. 와인은 묵직하고 알코올 도수가 높으며 캘리포니아 와인보다는 보르도 와인과 비슷한 맛이다. 규칙을 따르지 않기 때문에 생산자가 중요하다. 이 중 가장 훌륭한 와인을 꼽으려면 '테누타 산 귀도'라는 생산자가 만드는 사시카이아다. 다른 와인은 대부분 돈 낭비, 술 마시는 시간 낭비다.

미국

미국은 이민자들의 나라다. 많은 이민자가 새로운 터전에서도 포도 농사를 짓고 와인을 직접 만들기 위해, 가방 안에 꺾은 포도나무 가지를 담아왔다. 캘리포니아에서 피노 누아와 카베르네 소비뇽이 자리 잡을 수 있도록 도와준 그들의 똑똑함에 미국인들은 감사해야 한다. 물론 미국에도 토종 포도가 있다. 미국 전역에서 자라는 콩코드 등의 품종에 대해 들어본 적은 있을 것이다. 그러나 그런 포도는 거의 포도 주스나 건포도, 또는 과일 맛 사탕을 만드는 데 사용된다. 또한, 일요일 미사에서 공짜로 나누어주는 와인을 만들기도 한다. 미국 50개 주 모두 와인을 생산한다고 하지만 네브래스카주에서 생산된 와인을 우리가 맛보기 전까지는 믿을 수 없다. 그래서 여기서는 가장 중요한 지역만 다룰 것이다.

라벨에 포도 품종이 적혀 있지 않은 미국 와인은 블렌드 와인이다. 그리고 (그저 그런) 풀 바디 와인일 가능성이 크다.

태평양 북서부 오리건주와 워싱턴주는 와인 생산으로 유명하다. 오리건의 주요 와인 생산지는 윌래밋 밸리다. 피노 누아 생산에 집중하고 있으며, 위도와 기후가 부르고뉴와 비슷해서 두 지역의 피노 누아가 비교되곤 한다. 실제로 프랑스의 생산자들도 오리건주의 땅을 사서 와인을 만들기도 했다.

워싱턴은 메를로와 카베르네 소비뇽이 유행하던 1990년대부터 와인 산지로 인기를 끌기 시작했다. 당시에는 사람들이 묵직하고 알코올 도수가 높은 와인을 찾았다. 영화 배우 제니퍼 애니스턴이 90년대부터 지금까지 같은 머리 스타일을 유지하는 것처럼 워싱턴 와인도 별로 나아지지 않았다. 대부분 와인 숙성에 사용된 오크통 맛이 날 뿐이다.

캘리포니아 가장 유명한 미국 와인 산지이다. 사람들이 날씨 때문에 캘리포니아에 사는 것처럼 포도도 날씨 때문에 캘리포니아에서 자란다. 포도나 사람이나 햇볕과 따뜻한 날씨, 서늘한 밤을 좋아하고 재산세를 극도로 싫어한다.

캘리포니아에서 자란 포도는 햇볕을 오래 쬔 덕분에, 프랑스에서 자란 똑같은 품종의 와인에 비해 과일 향이 풍부하다. 캘리포니아에서 주력으로 키우는 포도는 카베르네 소비뇽, 피노 누아, 샤르도네 같은 프랑스 전통 품종들이다. 미국에 이 품종들을 가져온 이민자들처럼 포도들도 (비교적) 새로운 고향에서 번성하고 있다.

가장 인기 있는 와인은 나파 밸리에서 난다. 화이트는 대부분 샤르도네이며, 레드는 카베르네 소비뇽과 메를로로 만든다. 인근 소노마 해안과 산타 크루즈산도 유명하고 와인 생산량이 많다. 하지만 캘리포니아의 다른 지역에서도 뛰어난 와인이 많이 난다. 특히 산타바바라 카운티에서는 캘리포니아 최고의 피노 누아와 샤르도네가 생산된다.

세계 와인 시장에서도 캘리포니아는 중요한 위치에 있다. 1976년 프랑스에서 '파리의 심판(Judgement of Paris)'이라는 행사가 열렸는데, 거대한 괴물 두 마리가 죽을 때까지 싸우는...이 아니라 프랑스의 와인 업계 전문가들이 개최한 와인 올림픽이었다. 그 때 중요한 와인 전문가들이 와인을 평가했는데, 예상과는 달리 캘리포니아 와인들이 전부 우승하는 결과가 나왔다. (그 이후 프랑스에서 그 대회는 열리지 않았다)

뉴욕 캘리포니아와 워싱턴 다음으로 와인을 많이 생산하는 주이다. 가장 뛰어난 와인은 리슬링 품종으로 만든 경우가 많으며, 북부 핑거 레이크스 지역에서 재배된다. 로제도 찾아볼 수 있는데, 포도는 대부분 롱 아일랜드의 노스 포크 지역에서 재배된다.

스페인

유럽의 와인 산지들 중에서 스페인은 프랑스와 이탈리아의 그늘에 가려져 있지만, 알고 보면 맛있는 와인이 정말 많다. 주요 포도 품종은 템프라니요, 알바리뇨, 가르나차이며, 몇 가지 포도를 블렌드한 스파클링 와인인 카바를 생산하는 지역이다. 또한, 주정 강화 와인인 셰리로도 유명하다.

스페인은 아주 오래전부터 전통적 방식으로 와인을 생산했지만, 지금처럼 와인 산업이 흥미로운 적은 없었다. 새로운 생산자들이 토착 포도로 와인을 생산하고 있는데, 이런 와인들은 탐색해볼 가치가 무척 크다. 독특한 풍미가 있으며 (상업적 성공보다는) 양조 기법 개발에 전념하는 젊은 생산자들이 많기 때문이다. 특히 스페인 북서부 와인들이 맛있다. 가성비 높은 와인을 찾는다면 스페인을 눈여겨보자.

포도 품종을 표기한 스페인 와인도 있지만, 일반적으로 라벨에는 지역 명칭이 적혀 있다.

리오하 품질 좋은 와인으로 알려진 역사적인 스페인 와인 산지이며, 독특한 숙성 방식으로 유명하다. 오크통에서 오랜 시간 숙성하는 리오하 와인은 숙성된 맛과 향이 뚜렷하게 나타난다. 최고 등급 와인은 라벨에 그란 레세르바(117쪽 참조)라고 표기되어 있고, 출시되기 전에 10~15년 동안 숙성하기도 한다. 그리고 이런 와인들은 저장 가치가 세계에서도 아주 높은 편이다. 레드 와인은 대부분 템프라니요 포도로 만든다.

갈리시아 스페인 북서부 지역이다. 소설 「트와일라잇」의 배경처럼 초목이 우거지고 습하며 숲이 울창하다. 하지만 소설에 등장하는 침울한 젊은이가 실제로 많지는 않다. 리아스 바이샤스, 리베이로, 리베라 사크라 등 와인 라벨에서 볼 수 있는 갈리시아의 소지역들은 스페인에서 가장 참신하면서 가성비 높은 와인을 생산하는 곳들이다. 알바리뇨, 멘시아, 트레이샤두라, 고데요 등은 갈리시아에서 나는 독특한 품종들이며 일관성 있는 풍미가 나타난다. 이 지역에서는 극도로 상큼하고 짭짤한 화이트 와인과 몹시 감칠맛이 나면서 가벼운 레드 와인을 맛볼 수 있다.

프리오라트 바르셀로나에 인접한 지역이며 와인은 대부분 가르나차(그르나슈)로 만든다. 가르나차는 자라는 장소와 재배 과정에 따라 풍미가 상당히 달라질 수 있다. 그런 광범위함 때문에 프리오라트 와인을 마실 때 정확하게 어떤 와인인지 예측하기 어렵다. 우리가 알려주는 방법으로 와인을 마셔보면 어떨까? 한 병 마셔보고 그 와인이 싫으면 다른 종류를 마셔보자. 그것도 맛이 없으면 그냥 마시지 않으면 된다.

독일과 오스트리아

독일과 오스트리아를 묶는 이유는 두 나라의 음식과 와인 문화가 매우 비슷하기 때문이다. 또한, 기후가 비슷하며 같은 포도 품종도 많이 재배된다. 양조 기법도 거의 똑같다고 할 수 있다. 그래서 두 나라에서 나는 와인이 헷갈릴 때도 많다.

알아야 할 중요한 포도 품종은 두 나라에서 자라는 리슬링과 오스트리아에서만 자라는 그뤼너 펠트리너다. 리슬링으로는 엄청나게 달콤한 화이트 와인에서부터 약간 드라이한 와인까지 만드는데, 언제나 무척 새콤하다. 그뤼너는 오스트리아인들이 몹시 자랑스럽게 생각하는 청포도다. 와인은 감칠맛 나고 약간 진하면서 언제나 가성비가 좋다. 레드 와인을 보면 독일은 피노 누아와 같은 품종인 슈패트부르군더를 집중적으로 생산하고, 오스트리아는 피노 누아나 가메와 비슷한 맛이 나는 블라우프랑키슈에 집중한다. 이런 레드 와인들은 언젠가는 맛볼 가치가 있지만, 이 지역에서는 리슬링과 그뤼너가 가장 중요하다.

독일과 오스트리아에서는 라벨에 지역과 포도밭을 표기하지만, 포도 품종을 항상 표기하지는 않는다. 그러나 품종 자체가 많지 않기 때문에 그렇게 중요하지는 않다. 화이트라면 리슬링일 가능성이 크다.

아르헨티나와 칠레

남반구 국가에 와인이 존재하는 이유는 사람들이 무역이나 이민 등의 이유로 그곳에 갈 때 포도나무를 가지고 갔기 때문이다. 캘리포니아처럼 말이다. 그런 배경 덕분에 카베르네 소비뇽, 피노 누아, 샤르도네와 같은 프랑스 전통 품종을 많이 찾아볼 수 있다. 아르헨티나와 칠레는 남미에서 품질 좋은 와인을 생산하는 나라들이다. 아르헨티나 최고의 산지는 멘도사와 파타고니아이며 이 산지들은 라벨에 눈에 띄게 표기되어 있다. 특히 아르헨티나는 말벡으로 유명하다. 칠레에는 아직 최고급 와인 산지가 존재하지 않지만, 프랑스 토착 포도인 카르메네르가 내수용과 수출용으로 모두 인기를 끌고 있다.

와인에 빠지는 방법

호주

어마어마한 양의 와인이 생산되는 곳이다. 정말 싸고 맛없는 것(예: 옐로 테일)도 있지만 매우 뛰어난 와인도 있다. 피노 누아, 시라즈 같은 레드 와인에 집중하자. 시라즈는 시라의 호주식 표현이라고 보면 된다. 호주 시라즈는 보통 알코올 도수가 무척 높다. 만약 위스키를 마신 것처럼 취하게 만들 와인을 찾는다면 시라즈를 마시자.

뉴질랜드

하와이처럼 아름다운 곳인데 스키까지 탈 수 있다. 그래도 가고 싶은 생각이 들지 않는다면 와인 때문에라도 가고 싶어질 것이다. 뉴질랜드 와인을 찾아보면 대부분 소비뇽 블랑과 피노 누아일 것이며, 최상급 포도는 말버러와 센트럴 오타고에서 생산된다.

남아프리카공화국

남아프리카공화국 와인에 대해 알고 있을 것이다. (적어도 들어본 적은 있을 것이다) 하지만 실제로 구하기는 꽤 어려울 수 있다. 남아프리카공화국에서는 훌륭한 슈냉 블랑과 시라가 생산되며 피노타지라는 대담하고 과일 향이 풍부한 토착 포도가 난다. 슈냉 블랑과 시라 위주로 마셔보고, 스텔렌보스 지역의 와인을 찾아보자.

와인 29

꼭 알아야 하는 와인들

세계에는 29가지보다는 훨씬 많은 종류의 와인이 존재한다. 다른 와인 책을 찾아보거나 '이탈리아의 포도 품종'만 검색해 봐도 포도, 지역, 양조 방식의 종류가 끝도 없이 많다는 사실을 알 수 있다. 하지만 우리 생각은 이렇다. 만약 당신이 와인 전문가가 되려고 공부하고 있다면 '그레케토'가 무엇인지 배워야 할 것이다. 그러나 당신이 그저 피노 누아를 무척 좋아하는데 다른 와인도 맛보고 싶어 하는 사람이라면 그레케토라는 단어를 알 필요가 없다. 한마디로, 흔하지 않고 특정 지역에서만 자라는 전 세계의 포도에 대해 신경 쓰지 않아도 된다는 말이다. 적어도 지금 당장은 그렇다.

하지만 신경 써야 할 부분이 있기는 하다. 언젠간 만날 가능성이 큰 와인에 대한 실용적인 지식은 필요하다. 지금부터 다룰 29가지 와인은 당신이 어딜 가든 만날 수 있는 것들이다. 식당의 와인 리스트가 될 수도 있고 와인 가게, 아니면 빈방을 와인 저장고로 개조한 친구네 집일 수도 있다.

이번 장은 나중에 반복해서 참고하는 목적으로 만들었다. 각 와인마다 기본적인 설명을 하고, 바디감이나 향과 맛 같은 중요한 특징을 알려줄 것이다. 또한, 그 와인을 좋아하게 된 이유 몇 가지를 제시할 것이다. 당신이 이 와인을 좋아하는 이유를 알고 있어야만, 다른 좋아하는 와인을 찾을 수 있기 때문이다. 우리는 29가지 와인 안에서, 그리고 그 이외의 와인 중에서도 당신이 좋아할 만한 와인을 추천하면서 도움을 줄 것이다.

　시작하기 전에 우선 우리가 말하는 '와인'이 무엇인지 다시 정의하겠다. 다음의 29가지는 포도 목록이 아니다. 우리가 다루는 내용은 최종 생산품이다. 즉, 라벨이 붙어있거나 와인 리스트에 올라가 있는 와인들이다. 예를 들어 가메(포도 품종)는 보졸레(프랑스에서는 장소에 따라 와인 명칭을 정한다. 42쪽 참조)라고 표기한다. 이탈리아의 바르베라 같은 와인은 포도 이름이 곧 와인 명칭이다. 이처럼 이름 짓는 방법은 나라마다 다르므로 그런 자세한 내용을 배우기에 앞서 우선 다음 29가지 와인만 기억하자.

Albariño

알바리뇨

이 와인을 좋아하는 이유는?

- 산뜻하고 저렴하다
- 소비뇽 블랑보다 참신하면서, 아주 상큼하고 과일 맛이 확실한 화이트 와인이라는 조건을 충족시킨다

좋아할 만한 다른 와인

- 상세르
- 베르멘티노

시도해 볼 만한 와인

- 에트나 비앙크
- 그뤼너 펠트리너

알바리뇨는 스페인에서 가장 흔한 청포도이며, 포르투갈 북쪽과 인접한 스페인 북서부 지역인 갈리시아에서 자란다. 언제나 라이트 바디이며, 상큼하고 오렌지와 꽃향기가 난다. 바다 가까이에서 자라는 덕분에 약간 짭짤한 맛도 난다. 전형적인 '해안에서 생산되는 와인'이다. 즉, 해산물에 곁들여 마시거나 아니면 날좋은 오후에 마시기에 좋다. 또한, 저렴하면서 가격 대비 품질이 무척 뛰어난 와인의 대표적인 예다.

와인 라벨에 갈리시아의 소지역인 리아스 바이샤스라고 표기된 것을 본 적이 있을 것이다. 알바리뇨라는 뜻이다. 포르투갈에서도 같은 포도가 자라는데 그 지역 이름을 따서 비뉴 베르드라고 부르기도 한다. 알바리뇨를 다른 포도와 블렌딩하기도 하지만, 그런 세세한 차이점까지 신경 쓸 필요는 없다. 이 지역 와인은 언제나 상큼하고 짭짤하면서 꽃향기가 난다고 생각하면 된다.

Barbera

바르베라

- 맛이 단순하고 과일 풍미가 강하며, 편안하게 마실 수 있다
- 점심 때 두 잔을 마셔도 괜찮을 정도로 알코올 함량이 낮다
- 차게 마시면 맛있다

좋아할 만한
다른 와인

- 보졸레
- 코트 뒤 론

시도해 볼 만한
와인

- 돌체토
- 멘시아

바르베라는 이탈리아 북부의 피에몬테 전역에서 자라는 중요한 적포도이다. 언제나 미디엄 바디이며 베리류와 자두 향이 나고, 약간 새콤하다. 오크 향이 나는 경우는 없으며 만약 두 명이 와인을 마시는데 한 명은 묵직한 레드, 나머지는 가벼운 레드 와인을 원한다면 중간 정도인 바르베라가 완벽한 선택이다.

바르베라는 단순한 와인이기 때문에 점심을 먹을 때 가볍게 또는 손으로 피자를 먹을 때에 마시기 좋다. 바르베라가 단순한 이유는 만들기 쉬워서이다. 적어도 바롤로와 비교하면 그렇다. 바르베라를 만드는 생산자들이 바롤로도 만드는 경우가 많은데, 바롤로는 훨씬 더 복합적인 와인이다. 양조 과정도 길고 숙성도 오래 해야 한다. 일반적으로 바르베라는 포도를 수확하고 나서 일 년 후 출시되며 오크통에서 숙성시키지 않는다. 그러므로 식탁에 오르기까지 시간이 덜 걸리고, 따라서 가격도 저렴하다.

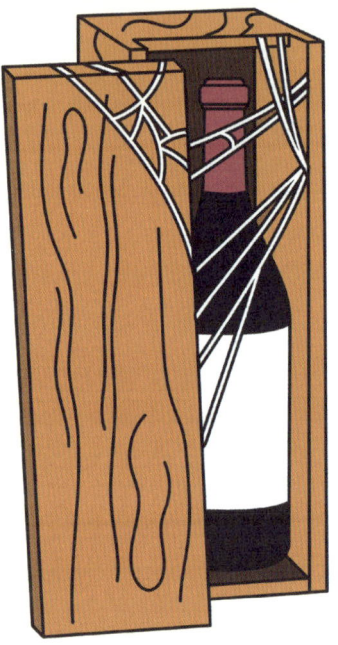

Barolo
바롤로

- 화이트 트러플 맛이 나는 와인을 좋아하고, 지금 화이트 트러플을 먹고 있다
- 고급스러운 것을 좋아한다

좋아할 만한
다른 와인

- 브루넬로 디 몬탈치노
- 에트나 로쏘
- 부르고뉴 레드

시도해 볼 만한
와인

- 바르바레스코
- 가디니리
- 발텔리나

바롤로 와인의 이름은 이탈리아 피에몬테에 있는 와인 산지에서 따왔다. 와인을 만드는 포도 품종은 네비올로다. 바롤로는 색이 옅지만 풀 바디이며 알코올 도수가 높다. 이런 특징은 시라와 카베르네 소비뇽처럼 진한 와인에서 주로 나타나는 특징이다. 바롤로는 독특한 향이 있는데, 어릴 때는 꽃향기 같지만, 숙성되면 가죽 향과 비슷해진다. 잘 만든 와인은 장미, 감초, 버섯 그리고 때로는 트러플 향도 난다. 바롤로는 일반적으로 와인 가게나 식당 와인 리스트에 있는 다른 이탈리아 와인에 비해 비싸다. 그리고 네비올로로 만든 다른 와인보다도 비싸다. 명성과 긴 양조 과정, 그리고 산지의 땅 부족이 주된 이유다. 어떤 사람들은 10~15년 이상 숙성된 바롤로가 아니라면 마실 가치가 없다고 한다. 하지만 우리는 그런 바롤로는 사치에 가깝다고 생각하고, 마실 만한 어린 바롤로도 찾을 수 있다고 본다. 어차피 3년 미만으로 숙성된 바롤로는 없다. 그런 바롤로가 있다면 진정한 바롤로가 아니거나, 와이너리에서 숙성되는 과정에서 누가 훔친 바롤로다.

Beaujolais

보졸레

- 어떤 음식과도 잘 어울리고
  음식 없이 마시기에도 좋다
- 새롭고 색다른 것에
  관심이 많다
- 레드 와인을 차게 마시는
  것을 좋아한다

좋아할 만한
다른 와인

- 바르베라
- 피노 누아
- 부르고뉴 레드

시도해 볼 만한
와인

- 돌체토
- 쥐라 트루쏘

보졸레는 가메 포도가 자라는 프랑스의 와인 산지다. 보졸레 와인은 라이트 바디이며 도수가 낮고 상큼하면서 감칠맛이 난다. 꽃, 산딸기, 그리고 타임이나 로즈마리 같은 요리용 허브 냄새가 강하게 난다. 프랑스 지도를 보면 보졸레는 부르고뉴와 가깝다. 그래서 바로 윗동네인 부르고뉴에서 피노 누아로 만드는 와인과 특징이 비슷하다. 하지만 와인을 모으는 사람들 사이에서 부르고뉴만큼 귀한 대접을 받는 와인은 아니라서 저렴한 편이고, 훨씬 편하게 마실 수 있다. 거의 모든 음식과 잘 어울리고, 평소에 부담 없이 마시기에 좋다.

최근 보졸레에서 매우 뛰어난 와인을 생산하기 시작했다. 그래서 요즘 보졸레 와인은 가게나 식당 와인리스트에서 가성비가 뛰어난 와인에 속한다. 모르공, 플뢰리 또는 쥘리에나로 표기된 라벨을 찾아보자. 보졸레 내에서도 최고 산지다.

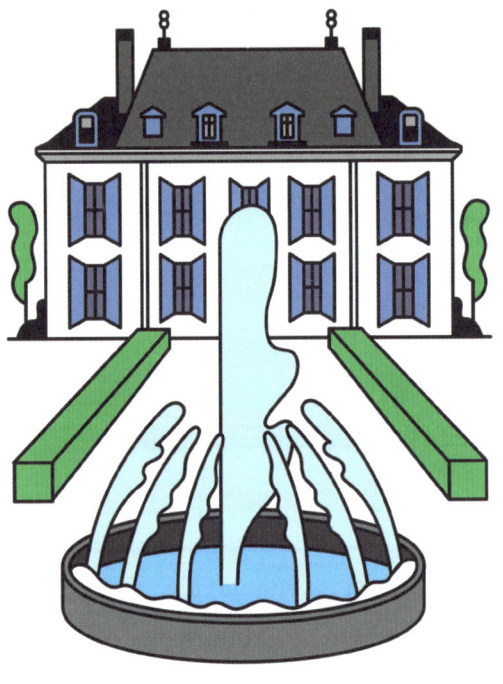

Bordeaux

보르도

이 와인을
좋아하는 이유는?

- 메스칼이나 스카치와
  비슷한 스모크 향이 좋다
- 고급 와인을 즐기는
  사람처럼 보인다
- 영국 왕실을 흠모한다

좋아할 만한
다른 와인

- 캘리포니아 카베르네
  소비뇽 또는 이탈리아
  카베르네 소비뇽
- 리오하

시도해 볼 만한
와인

- 수퍼 투스칸

프랑스 보르도에서는 사람들이 땅이나 권력을 차지하기 위해, 또는 번개가 신의 보복인지 아닌지를 두고 칼과 창을 들고 싸우던 시절부터 와인을 만들었다.

바다 무역로와 가까웠던 보르도는 최초의 '진정한 고급 와인' 산지였고, 지금도 세계에서 가장 수요가 많은 와인을 만든다. 현재 보르도에서는 매년 7억 병 이상의 와인이 생산된다.

보르도는 카베르네 소비뇽, 메를로, 카베르네 프랑으로 만드는 레드 블렌드의 원산지다. 이 포도들은 생산자에 따라 다른 비율로 섞이며, 그렇게 만든 블렌드 와인은 아주 오랫동안 숙성할 수 있다. 또한, 보르도는 언제나 풀 바디이며 건포도, 후추, 그리고 가죽 냄새가 난다. 초콜릿처럼 맛이 진하고 계피와 향신료 등 오크 향이 날 때가 많다. 와인이 막 출시되었을 때에는 진한 과일과 초콜릿 풍미가 나는 반면 숙성될수록 흙과 스모크 향이 강해진다.

Brunello di Montalcino

브루넬로 디 몬탈치노

이 와인을
좋아하는 이유는?

- 파스타를 좋아한다
- 이탈리아계 혈통이라는 게
  몹시 자랑스럽다
- 고기를 마실 수 있으면
  좋겠다

좋아할 만한
다른 와인

- 바롤로
- 키안티
- 리오하

시도해 볼 만한
와인

- 방돌
- 비노 노빌레 디
  몬테풀치아노

몬탈치노는 토스카나의 나지막한 산 위에 있는 따뜻하고 건조한 마을이다. 그리고 브루넬로 디 몬탈치노는 몬탈치노에서 나는 중요한 와인이다. 전통적인 브루넬로는 미디엄 바디이지만, 많은 생산자가 진하고 묵직한 스타일로 만든다. 하지만 그 안에서도 꼭 지켜지고 있는 규칙이 있다. 바로 브루넬로 와인은 산지오베제만 100% 사용해서 만든다는 것이다. 전형적인 브루넬로에서는 흙냄새와 말린 과일과, 육포 같은 냄새가 난다. 그래서 강렬하고 고기향이 풍부하다. 하지만 어떤 와인은 흙냄새가 나면서 새콤한 경우도 있다. 불행하게도 어느 생산자가 어떤 스타일로 만드는지 알 수 있는 확실한 방법은 없고, 특정 생산자를 알고 있는 수밖에 없다. 하지만 둘 중 어느 스타일이든 브루넬로는 파스타와 마시기에 최고의 와인이고, 파스타는 브루넬로에 가장 어울리는 음식이다. 우리도 감히 반박할 수 없는 사실이다.

Burgundy

(RED)

───── 부르고뉴(레드) ─────

프랑스의 부르고뉴는 피노 누아의 원산지다. 일반적으로 이 지역에서는 피노 누아로 만든 모든 레드 와인을 '부르고뉴 레드'라고 부른다. 부르고뉴 레드는 가볍고 과일 향이 난다. 부르고뉴에서 자랐든 세계 다른 지역에서 자랐든 피노 누아는 모두 그렇다. 그리고 꽃, 붉은 베리류, 버섯 냄새가 나며 은은한 흙냄새와 구수한 냄새가 밴 새콤한 체리 맛이 난다. 이 향과 맛을 작은 지역인 부르고뉴에서 가장 잘 표현한다. 이 미묘한 차이가 부르고뉴 레드의 특징이고, 이것 때문에 찾는 사람들이 많다. 이유 중에는 날씨도 있고, 토양도 있지만 이 지역에서 몇 세대를 이어가며 살아온 전설적인 와인메이커 가문들 덕도 있다.

광범위한 부르고뉴 지역 안에는 소지역들이나 마을들이 있고, 라벨에서 볼 수 있다. 가장 유명한 (그래서 비싼) 마을은 샹볼 뮈지니, 본 로마네, 모레 생 드니, 그리고 주브레 샹베르탱이다.

Burgundy

(WHITE)

부르고뉴(화이트)

이 와인을 좋아하는 이유는?

- 진하지만 무겁지 않은 와인을 좋아한다
- 입맛이 유난히 고급스럽다

좋아할 만한 다른 와인

- 샤블리
- 슈냉 블랑

시도해 볼 만한 와인

- 부르고뉴 와인을 더 깊이 탐색한다 – 가장 좋아하는 마음, 생산자, 포도밭을 찾아본다

부르고뉴 화이트(영어로는 버건디 화이트)는 샤르도네의 별칭이기도 하다. 하지만 와인 가게에 가서 샤르도네를 달라고 해도 부르고뉴 화이트를 주지는 않는다. 같은 포도로 만들었지만, 완전히 다른 와인이다. 부르고뉴 화이트는 캘리포니아의 샤르도네보다 상큼하다. 하지만 진하면서 구운 견과류와 청사과 향, 짭짤하고 감칠맛이 난다는 점에서는 비슷하다. 또한, 부르고뉴 화이트는 캘리포니아 샤르도네처럼 강한 오크 향이 나지는 않는다. 캘리포니아 와인 생산자들은 새 오크통을 사용하고, 프랑스 생산자들은 새 오크통보다는 사용한 적 있는 오크통을 사용하기 때문이다. 헌 오크통으로 숙성하면 나무에서 밴 풍미가 훨씬 더 은은해진다.

부르고뉴 레드와 마찬가지로 부르고뉴 화이트도 비싸고 높은 평가를 받는다. 최고의 부르고뉴 화이트를 생산하는 소지역은 뫼르소, 퓔리니 몽라셰, 샤사뉴 몽라셰이며, 라벨에 표기되어 있다.

Carbernet
Franc
──── 카베르네 프랑 ────

이 와인을 좋아하는 이유는?

- 새로운 맛에 도전하는 것을 좋아한다
- 살사 맛을 좋아한다

좋아할 만한 다른 와인

- 보르도
- 키안티

시도해 볼 만한 와인

- 칠레 카르메네르
- 멘시아

카베르네 프랑은 세계 여러 지역에서 자라는 포도이지만 프랑스가 원산지다. 루아르 계곡에서 가장 많이 재배되는데, 특히 소뮈르와 시농이라는 지역이 유명하다. 프랑스에서 나는 순수한 카베르네 프랑은 라벨에 소뮈르 또는 시농이라고 표기된다. 또한, 보르도에서도 재배되며 전설적인 와인에 혼합되기도 한다. 또, 캘리포니아에서도 재배된다.

카베르네 프랑만으로 와인을 만들면 미디엄 바디이지만, 보통 더 묵직한 와인에 블렌딩한다. 초록색 피망 냄새가 두드러지면서 고릿한 냄새와 새콤한 맛이 난다. 그래서 호불호가 강한 와인이다. 자신이 어느 쪽인지 알고 싶으면 이렇게 자문해보자. 향신료 향이 강한 마르가리타를 좋아하는가? 피클 국물을 좋아하는가? 자신을 사랑하는가? 그렇다면 그런 것들은 마시지 말고 대신 순수한 카베르네 프랑을 맛보자.

Carbernet
Sauvignon

—— 카베르네 소비뇽 ——

- 나파 밸리에 가본 적이 있는데, 가서 와인을 너무 많이 사왔다
- 섬세함과는 거리가 멀다
- 육식 동물에 가깝다

좋아할 만한
다른 와인

- 보르도
- 말벡
- 시라

시도해 볼 만한
와인

- 리베라 델 두에로
- 수퍼 투스칸

카베르네 소비뇽(줄여서 "캡 또는 카쇼")은 유명하고 가장 흔한 품종이다. 세계 곳곳에서 재배하지만, 프랑스의 보르도와 캘리포니아의 나파 밸리 와인으로 가장 잘 알려져 있다. 특히 마세라티를 몰고 다니는 사람들이 좋아한다. 대담하고 묵직하고 진하고 알코올 도수가 높으며, 큼직한 스테이크를 먹으면서 마실 때가 많다. 전형적인 캘리포니아 카베르네 소비뇽에서는 초콜릿, 커피, 자두나 말린 자두 같은 검붉은 색 과일 맛이 난다.

와인을 처음 접할 때 카베르네 쇼비뇽을 마시는 경우가 많다. 그런데 너무 강건한 와인이다 보니 이 맛을 기억하는 사람들이 가볍고 도수가 낮은 와인으로 방향을 돌리기 어려워할 때가 있다.

또한, 카베르네 소비뇽은 숙성 가능성이 커서 처음 모으는 와인인 경우가 많다. 당신이 아직 보르도 와인을 많이 수집하지 않았다고 가정하여 조언하자면, 80년대나 90년대에 생산된 와인은 기회가 생길 때 무조건 맛보자. 오래된 카베르네는 놀라울 정도로 부드럽다. 모든 것이 나이 들면 부드러워진다고나 할까? 마세라티 타는 남자처럼 말이다.

Chablis
— 샤블리 —

이 와인을 좋아하는 이유는?

- 굴을 무척 좋아한다
- 새콤하지만 과일 맛이 강하지 않은 와인을 좋아한다

좋아할 만한 다른 와인

- 슈냉 블랑
- 부르고뉴 화이트

시도해 볼 만한 와인

- 쥐라 샤르도네
- 에트나 비앙코
- 쥐라 사바넹
- 스페인 리베이로 화이트

샤블리는 부르고뉴 화이트와 같이 묶어서 분류할 때가 많은데, 두 가지 모두 샤르도네로 만들었고 지역이 인접해 있기 때문이다. 이런 공통점에도 불구하고 샤블리는 부르고뉴 와인과 맛이 상당히 다르다. 대부분 날씨(더 춥다)와 토양 차이 때문이다. 샤블리는 라이트 바디 와인이며 사과와 바닷물 냄새가 난다. 그리고 레몬처럼 상큼하고 신맛이 나면서 약간 짭짤한 맛도 나기 때문에 전통적으로 굴에 곁들여서 마신다.

매년 많은 양의 샤블리가 생산되지만, 최고의 와인은 소량만 만들기 때문에 무척 비쌀 수도 있다. 부르고뉴처럼 샤블리에도 가장 높은 등급인 그랑 크뤼와 프리미에 크뤼 밭이 있고, 가격도 가장 높다.

Champagne

———— 샴페인 ————

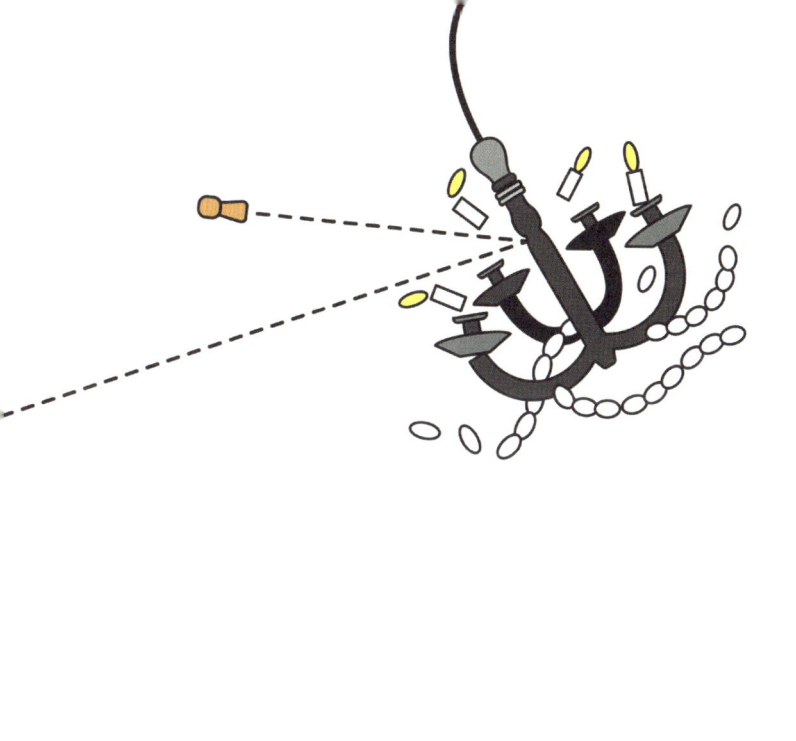

- 파티를 좋아한다
- 선택의 폭이 넓고, 고르는
  재미가 있다

좋아할 만한
다른 와인

- 라벨에 '크레망'이라고
  표기된 와인
- 카바
- 프란치아코르타

샴페인을 만드는 포도는 샤르도네, 피노 누아, 그리고 피노 뫼니에다. 그렇다. 피노 누아로 화이트 와인을 만들 수 있다. 그러면 이제 어떻게 만드는지 설명해 보겠다. 적포도 껍질을 까면 과육은 무슨 색인가? 빨강이 아니라 흰색이다. 레드 와인의 색은 포도를 으깨서 과즙에 껍질을 담가 놓는 시간에 따라, 즉 침용 시간에 따라 달라진다. 피노 누아로 샴페인을 만들 때는 껍질을 재빨리 건져버리기 때문에 적포도로 화이트 스파클링 와인을 만들 수 있다.

샴페인은 위에서 말한 세 가지 품종의 포도를 모두 사용하거나 두 가지 품종을 사용해서 만든 블렌드 와인이다. 하지만 한 가지 포도만으로 만든 샴페인도 자주 볼 수 있으며, 라벨을 보면 구별할 수 있다. 샤르도네만으로 만든 샴페인은 블랑 드 블랑이라고 부르고, 피노 누아와 피노 뫼니에로 만든 샴페인은 블랑 드 누아라고 한다. 피노 뫼니에만으로 만든 샴페인은 흔하지는 않지만 역시 블랑 드 누아라고 부른다. '누아'는 포도의 짙은 색을 지칭하는 것이고, 두 가지 모두 적포도로 만든 화이트 와인이다.

샴페인은 가볍고 상큼한 스타일에서부터 견과류 향이 나며 진한 스타일까지 다양하다. 대체로 생산자에 따라 다르지만 상쾌한 와인을 찾는다면 블랑 드 블랑을 맛보자. 샴페인은 보통 갓 구운 빵, 레몬 제스트 냄새가 나고 가끔 헤이즐넛 향이 난다. 포도와 양조 과정에 따라서 짭짤하고 새콤하거나 꿀과 오트밀 맛이 나거나, 아니면 그 중간 정도다.

샴페인은 졸업을 축하하거나 밤늦게 파티를 할 때만 마시는 와인이 아니다. 모든 상황에서, 거의 모든 음식에 곁들이기에 환상적인 와인이다. 가끔 치킨과 마셔보자 이왕이면 밤늦게.

샴페인 병을 칼로 자르는 방법

1. 절대 해서는 안 된다.

샴페인 병을 여는 방법

1. 포일에서 약간 튀어나온 부분을 찾는다. 당겨서 포일을 벗겨낸다.
2. 병을 45도 정도로 기울이고, 병 입구가 당신의 몸, 친구, 가족, 강아지, 창문을 향하지 않도록 잡는다.
3. 감겨 있는 철사를 풀어서 뺀 다음 버린다.
4. 냅킨이나 마른 행주를 들고 즉시 엄지로 코르크를 막는다.
5. 코르크를 조금씩 살살 돌린다. 헐거워지기 시작할 것이다.
6. 코르크가 병에서 빠져나오기 시작할 때 잘 잡고 있어야 한다.
7. 퐁! 응원하던 야구팀이 우승했을 때처럼 방에 샴페인을 뿌리고 싶어도 참는다.

Chardonnay

샤르도네

이 와인을
좋아하는 이유는?

- 버터가 많이 들어간 팝콘을
  좋아한다
- 묵직한 맛을 좋아한다

좋아할 만한
다른 와인

- 부르고뉴 화이트

시도해 볼 만한
와인

- 비오니에

샤르도네는 세계에서 가장 인기 있는 포도다. 혹시 샤르도네가 몰도바에서도 자란다는 사실을 알고 있는가? 모를 것이다. 물론 그런 것까지 알 필요는 없다. 하지만 세계 여러 지역에서 재배된다는 사실은 알고 있어야 한다.

캘리포니아 샤르도네는 특징이 있다. 진한 맛을 위해 오크통에서 숙성시켜, 오크 향이 강한 편이다. 그리고 사람들이 좋아하는 버터와 바닐라 맛이 난다. 물론 이 맛을 혐오하는 사람도 많다.

진하고 버터 맛 나는 샤르도네는 대부분 나파 밸리에서 생산된다. 하지만 산타바바라 카운티를 비롯한 캘리포니아 다른 산지에서도 재배하고 와인으로 만든다. 만약 당신이 버터 맛 샤르도네를 혐오하는 쪽이라면 비교적 절제된 스타일의 산타바바라 와인을 맛보자. 오크 향이 덜하며, 더 상큼하고 버터 맛이 덜 난다.

세계 다른 지역(몰도바 포함)의 샤르도네도 캘리포니아 샤르도네와 비슷한 맛이 나는 편이다. 이유는 단순하다. 오크 향이 밴 크리미한 질감을 사람들이 좋아하기 때문에 (부르고뉴를 제외한) 다른 지역 생산자들이 모방하고 있다.

Chenin Blanc

슈냉 블랑

- 기름진 음식은 좋아하지만 무거운 와인은 좋아하지 않는다
- 당신이 와인에 관심 있다는 사실을 사람들에게 알리고 싶다

좋아할 만한
다른 와인

- 샤블리
- 베르멘티노
- 부르고뉴 화이트

시도해 볼 만한
와인

- 에트나 비앙코
- 쥐라 사바냉

슈냉 블랑은 프랑스의 루아르 계곡에서 주로 자라는 청포도이며, 사과, 꿀, 브리오슈, 그리고 밀랍 냄새가 나는 미디엄 바디 와인이 된다. 감칠맛이 나면서 약간 돌 맛이 난다. 돌을 맛본 적 있다면 알 수 있다. (초등학교 2학년 때 나에게 돌을 먹였던 친구 채드에게 감사한다) 어떤 와인에서는 리슬링과 비슷한 정도의 단맛이 난다. 그런 와인은 '드미 섹' 또는 '므왈레'라고 표기되어 있다.

슈냉 블랑은 버터, 치즈, 또는 아주 기름진 음식과 잘 어울린다. 산도가 높아서 맛있는 음식을 먹을 때 입을 개운하게 해주기 때문이다. 캘리포니아 샤르도네를 싫어한다면 대안이 될 만한 와인이다. 슈냉 블랑은 달콤하고 버터 맛이 나는 샤르도네와는 달리 새콤하고 짭짤하다. 원산지인 프랑스의 산지에서는 내추럴 와인 생산자들이 많아졌기 때문에 프랑스 슈냉 블랑에서 예상과 다른 맛이 나거나 뿌연 모습을 띨 수 있다.

Chianti
Classico
— 키안티 클라시코 —

이 와인을 좋아하는 이유는?

- 모두가 좋아하는 선택을 하고 싶다
- 맛있는 파스타에 대한 기준이 높고, 좋은 와인에 대한 기준은 더 높다

좋아할 만한 다른 와인

- 브루넬로 디 몬탈치노
- 에트나 로쏘
- 네비올로

시도해 볼 만한 와인

- 코르시카 레드 와인
- 비노 노빌레 디 몬테풀치아노

이탈리아의 키안티 지역에서 주로 자라는 포도는 산지오베제다. 그러나 몬탈치노와는 달리 키안티 생산자들은 최종 산물인 와인에 재량에 따라 몇 가지 포도를 섞을 수 있다. 블렌딩을 했든 안 했든 키안티는 언제나 미디엄 바디이며 허브와 가죽 냄새가 나고 감칠맛 나는 와인이다. 또한, 토마토와 말린 산딸기 맛이 나며 거의 모든 음식과 잘 어울린다.

키안티라고 하면 법적으로 술을 마실 수 있는 나이가 되었을 때 그저 그런 이탈리아 식당에 가서 마셨던 술 정도로 기억할 수도 있다. 빨간 체크무늬 식탁보와, 밀짚으로 싼 병에 든 싸구려 술이 떠오를지도 모른다. 하지만 키안티에서도 최상위 지역에서 나는 키안티 클라시코는 그보다 훨씬 유명하고 좋은 와인이다. 그리고 아주 잘 만든 와인도 적당한 가격대에서 찾을 수 있다. 또한, 키안티 클라시코 리세르바도 찾아보자. 라벨에 표기되어 있다면 풀 바디이며 오크 향이 무척 강할 가능성이 크다.

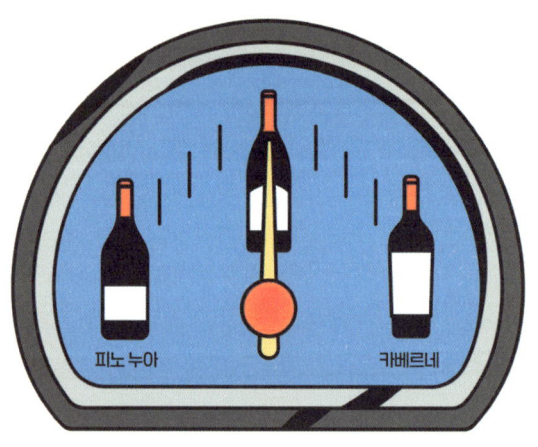

피노 누아   카베르네

Côtes du Rhône

─── 코트 뒤 론 ───

- 과일 향을 좋아하지만,
  너무 강한 과일 향은
  별로 좋아하지 않는다
- 향신료를 좋아하지만,
  너무 강한 향은
  별로 좋아하지 않는다
- 묵직한 맛을 좋아하지만,
  너무 묵직한 것은
  별로 좋아하지 않는다
- 식당에 가면 언제나
  닭요리를 주문한다

좋아할 만한
다른 와인

- 바르베라
- 시라

시도해 볼 만한
와인

- 샤토뇌프 뒤 파프
- 프리오라트

프랑스의 론 계곡에서 나는 와인으로, 별개의 와인을 생산하는 샤토뇌프 뒤 파프나 에르미타주와 같은 특정 지역이 아닌 론 지역 전체에서 생산된 와인을 말한다. 코트 뒤 론은 일반적으로 이 지역에서 만드는 와인 중에서 저렴하고 기본적인 와인이며, 평소에 부담 없이 마실 만한 와인이다.

코트 뒤 론은 전부 몇 가지 포도를 섞은 블렌드 와인이다. 보통 그르나슈가 주를 이루면서 시라가 좀 들어가는데, 이 지역에서 나는 다른 19가지 포도도 다양한 비율로 섞을 수 있다. 즉 총 21가지 포도를 사용할 수 있다. 하지만 여러 가지 포도로 다양한 조합을 만들수 있는데도 불구하고 와인 리스트에서 가장 안전한 선택은 코트 뒤 론이다. 이유가 무엇일까? 전형적인 '미디엄 와인'이기 때문이다. 요리용 향신료와 허브 냄새가 나며 싱싱한 베리류와 자두 맛이 난다. 오크 향이 너무 강하지 않고 거슬리는 맛이 없다. 그냥 딱 와인 맛이다.

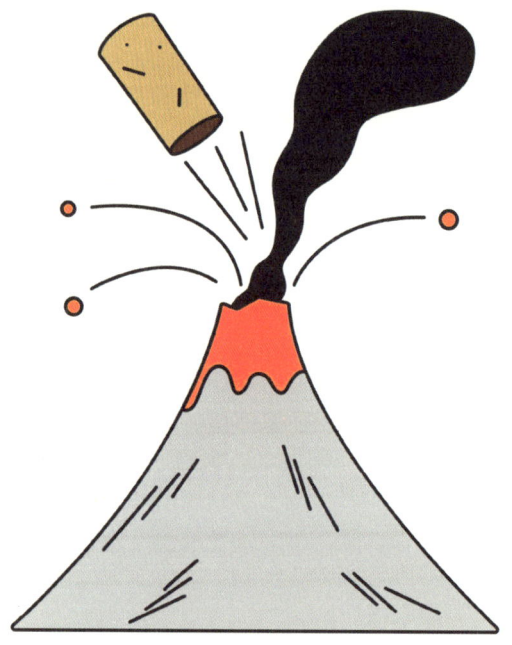

Etna Rosso

에트나 로쏘

- 색이 옅으면서 맛이 풍부한 레드 와인을 좋아한다
- 언제나 트렌디한 편이다

좋아할 만한
다른 와인

- 바롤로
- 키안티
- 부르고뉴 레드

시도해 볼 만한
와인

- 코르시카 레드 와인

이탈리아에는 폼페이를 덮어버린 베수비오 산 말고도, 내부에 용암이 있는… 하지만 긍정적인 역사가 있는 화산이 있다. 시칠리아에 있는 포도밭으로 뒤덮인 에트나 산이다. 화산토와 서늘한 산악 기후 덕분에 그 포도밭에서는 독특한 와인이 생산된다. 에트나 로쏘는 색과 바디가 가볍다. 그리고 산 내부에서 올라오는 화염과 연기 때문에 꽃향기와 스모크 향이 느껴지고, 딸기 맛이 난다.

네렐로 마스칼레제 포도로 만드는 에트나 로쏘 와인은 2000년대 초부터 빠르게 발전하기 시작했다. 몇몇 젊은 생산자들은 이전 세대와는 달리 양보다는 품질에 주력하는 와인을 생산함으로써 새로운 트렌드를 이끌고 있다.

에트나에서는 화이트 와인도 생산된다. 에트나 비앙코라고 부르는 이 화이트 와인은 다른 포도로도 만들 수 있지만, 주로 카리칸테라는 포도로 만들어진다. 에트나 비앙코는 바닷물과 스모크 향, 그리고 꿀 냄새가 나면서 새콤하다. 구하기 약간 어려울 수도 있지만 찾아서 맛볼 가치가 충분히 있다.

Grenache

그르나슈

이 와인을
좋아하는 이유는?

- 산타나와 롭 토마스의 노래처럼 감미로운 분위기를 좋아한다
- 알코올 함량이 높고 달콤한 술을 좋아한다

좋아할 만한
다른 와인

- 바르베라
- 코트 뒤 론
- 에트나 로쏘

시도해 볼 만한
와인

- 묵직한 와인을 좋아한다면 방돌
- 가벼운 와인을 좋아한다면 쥐라

주로 호주, 스페인, 그리고 프랑스에서 재배되는 포도이며, 와인은 산지에 따라 상당히 다르다. 무척 섬세한 포도이기 때문에 기후와 토양, 양조 과정에 큰 영향을 받는다. 따뜻한 날씨에서는 서늘한 환경에 비해 묵직하고 과일 향이 강한 그르나슈가 생산된다. 따라서 호주 그르나슈는 가볍고 과일 향이 강하다. 스페인산 그르나슈는 라벨에 가르나차 또는 프리오라트로 표기된 경우가 많고, 묵직하고 걸쭉하다. 프랑스산 그르나슈는 보통 코트 뒤 론, 샤토뇌프 뒤 파프, 또는 남프랑스에서 생산되는 저렴한 와인에 블렌딩된다. 잘 만든 그르나슈라면 미디엄 바디이면서 베리류 맛이 나고, 꽃 향기가 올라오는 가벼운 와인일 것이다. 혹은 후추와 스모크 향이 나기도 한다.

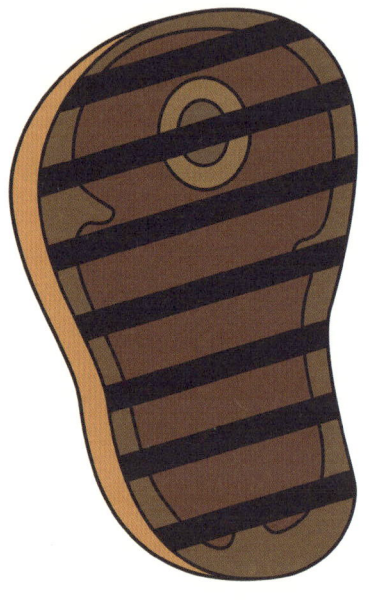

Malbec
—— 말벡 ——

이 와인을 좋아하는 이유는?

- 묵직한 와인을 좋아하지만, 돈을 많이 쓰기는 어렵다
- 아르헨티나로 유학을 다녀온 적 있다

좋아할 만한 다른 와인

- 카베르네 소비뇽
- 시라즈

시도해 볼 만한 와인

- 칠레 카르메네르

말벡은 아르헨티나에서 생산된 풀 바디 와인이며 맛이 단순한 편이다. 달콤한 자두와 바닐라, 그리고 캐러멜 향과 맛이 난다. 오크통에서 숙성시켰기 때문에 나타나는 풍미다. 말벡은 색이 아주 어두워서 보라색이나 검정색 잉크처럼 보인다. 아마 너무 많이 마시면 치아도 보라색으로 변할 것이다.

프랑스 토착 포도이지만, 원산지에서는 별로 주목받지 못하고 있다. 그럼에도 아르헨티나의 말벡이 상업적 성공을 이룰 수 있었던 것은 미국의 스테이크 전문 식당들 덕분이다. 최근 이런 식당들에서 말벡을 대대적으로 홍보했고, 괜찮은 맛과 가격으로 고객의 반응도 좋았다. 두 나라의 경제 상황이 달라서 지금도 아르헨티나 와인의 가격이 미국 와인보다 낮다. 큼지막한 스테이크는 먹고 싶은데 와인에까지 돈을 너무 많이 쓰고 싶지 않을 때 좋은 선택이 될 수 있다.

Merlot

— 메를로 —

이 와인을
좋아하는 이유는?

- 영화 〈사이드웨이〉를
  보지 않았다
- 인생이 평온하고 예측
  가능하기를 바란다
- 메를로 한 병을 선물로
  받았다

좋아할 만한
다른 와인

- 보르도
- 카베르네 소비뇽
- 말벡

시도해 볼 만한
와인

- 남프랑스에서 생산된
  저렴한 와인
- 수퍼 투스칸

메를로는 포도 역사상 최고로 구박받는 포도다. 전부 영화 〈사이드웨이〉 때문이다. 영화에서 메를로를 양조업계에 있는 사람들이 선호하는 포도로 치부하며 깎아내렸다. 메를로가 지금처럼 천덕꾸러기 신세가 된 이유는 책 한권을 써도 모자랄 판이다. 하지만 전반적인 상황으로 판단해볼 때 적어도 중요한 포도라는 사실은 명백하다.

메를로는 묵직하고 어둡고 바디감이 있다. 초콜릿, 자두, 그리고 숙성에 사용된 오크통의 맛과 향 말고 특별히 섬세한 풍미는 찾기 어렵다. 그래서 카베르네 같은 다른 포도와 블렌딩할 때가 많다. 그럼으로써 메를로의 대담한 풍미에 균형을 잡아주고, 와인을 진하고 매끄럽게 만든다. 보르도에서 흔히 사용하는 기법이다. 메를로는 캘리포니아와 워싱턴에서도 생산되는데, 보통 병에 메를로라고만 표기되어서 판매된다.

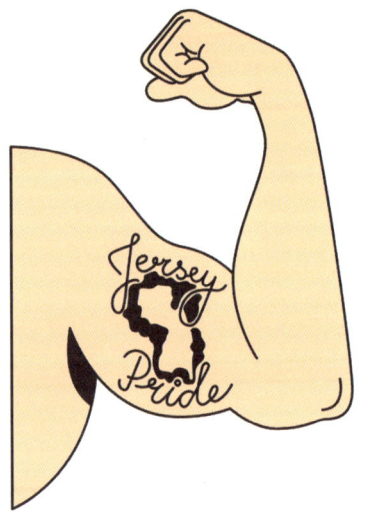

Montepulciano

몬테풀치아노

이 와인을
좋아하는 이유는?

- 묵직하고 고릿하다
- 가격이 매력적이다
- 들어본 적이 있다

좋아할 만한
다른 와인

- 브루넬로 디 몬탈치노
- 시라

시도해 볼 만한
와인

- 방돌
- 타우라시

서울이라고 다 살기 좋은 동네가 아니듯 몬테풀치아노가 다 맛있는 와인은 아니다. 산지오베제 다음으로 이탈리아에서 흔한 포도이며 남부가 원산지다. 한마디로 아주 흔하다는 뜻이다. 몬테풀치아노는 색이 짙고 풀 바디이다. 가죽과 말린 과일 냄새가 나며 약간 고릿하다. 그리고 다크 초콜릿과 자두 맛이 난다.

몬테풀치아노는 바디와 풍미를 더해 줄 수 있어서 아주 저렴한 와인을 생산할 때 블렌딩용 포도로 흔히 사용된다. 이탈리아에서는 유일하게 아브루초에서 몬테풀치아노만 사용한 괜찮은 와인을 생산한다. 몬테풀치아노 다브루초(아브루초에서 온 몬테풀치아노라는 뜻, 프랑스어나 이탈리아어를 모르는 사람들을 위한 설명)가 유명하기는 하지만 풀 바디이면서 흙냄새 나는 와인을 마시고 싶을 때 고를만한 가성비 좋은 와인 정도다.

몬테풀치아노는 언제나 저렴하다. 묵직한 와인을 좋아하고 이탈리아 와인만 판매하는 식당에서 식사하게 되었다면 괜찮은 선택이다.

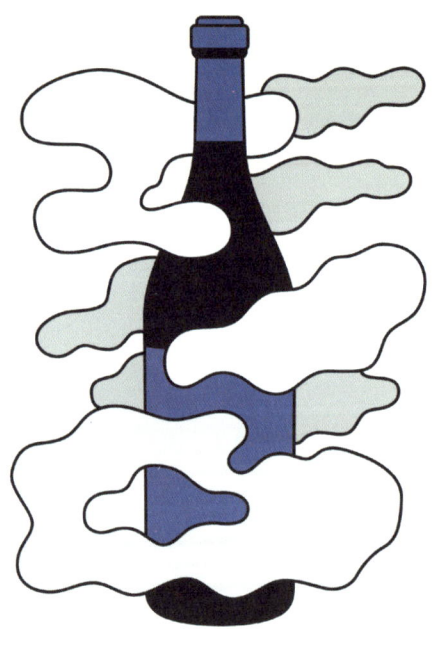

Nebbiolo
— 네비올로 —

이 와인을
좋아하는 이유는?

- 점심 반주를 즐기는
  사람이다
- 돈을 많이 쓰지 않으면서
  맛있는 와인을 맛보고 싶다

좋아할 만한
다른 와인

- 바롤로
- 에트나 로쏘
- 부르고뉴 레드

시도할 만한
다른 와인

- 돌체도
- 프레이사
- 코르시카 레드 와인

네비아는 이탈리아어로 '안개'라는 뜻이다. 이 단어가 중요한 이유는 이탈리아 사람들이 이야기하기 좋아하는 주제이기 때문이다.

네비올로(안개의)는 이탈리아 북부의 포도이며, 이탈리아에서 가장 흥미롭고 비싼 와인인 바롤로 와인의 포도로 유명하다. 그러나 라벨에 '네비올로'라고만 표기되어 있으면 완전히 다른 와인이다. 네비올로 달바와 랑게 네비올로는 가격이 훨씬 낮고, 상큼하며 덜 복합적이다. 라이트 바디이며 생화와 산딸기 냄새가 나고, 새콤한 체리와 버섯 맛이 난다. 보통은 숙성이 필요 없으며 일찍 열어서 마시기 좋다.

전문가 조언: 몇몇 바롤로 생산자들은 기본 등급 네비올로도 만든다. 그 생산자가 만든 최고급 바롤로에 큰돈을 쓰기 전에, 네비올로를 먼저 맛보는 것을 추천한다.

Pinot Grigio

───── 피노 그리지오 ─────

이 와인을
좋아하는 이유는?

- 맹물 맛이 난다
- 이 책에서 피노 그리지오
  부분 말고는 아직 아무것도
  읽지 않았다

대신 마실 만한
와인

- 그뤼너 펠트리너
- 소비뇽 블랑
- 베르멘티노

피노 그리지오는 우리가 다루고 싶지 않았던 포도다. 그러나 결국 다루게 되었다. 너무 흔해서 어쩔 수 없었다. 당신이 피노 그리지오를 알아야 하거나 마셔야하기 때문이 아니다. 솔직히 말해 앞으로는 피노 그리지오에 대해 이야기할 필요도 없다. 꿀과 서양배 그리고… 슬픈 맛이다. 매우 싸고 물보다 더 술술 넘어가는 와인이기 때문에 대형 마트 자사 브랜드용 포도로 사용된다. 피노 그리지오는 대규모 협동조합과 큰 와이너리에서 대량생산될 때가 많다. 가격을 낮추기 위해 와인을 최대한 빨리 만들 수 있는 양조 기법과 재배 방식을 사용한다. 한마디로 '고품질 피노 그리지오'는 얼빠진 소리다.

피노 그리지오의 장점은 싸고 많이 마실 수 있다는 것이다. 그게 전부다. 단점이라면 나쁜 와인이라는 것이다. 더 할 말은 없다.

캘리포니아

Pinot Noir

— 피노 누아 —

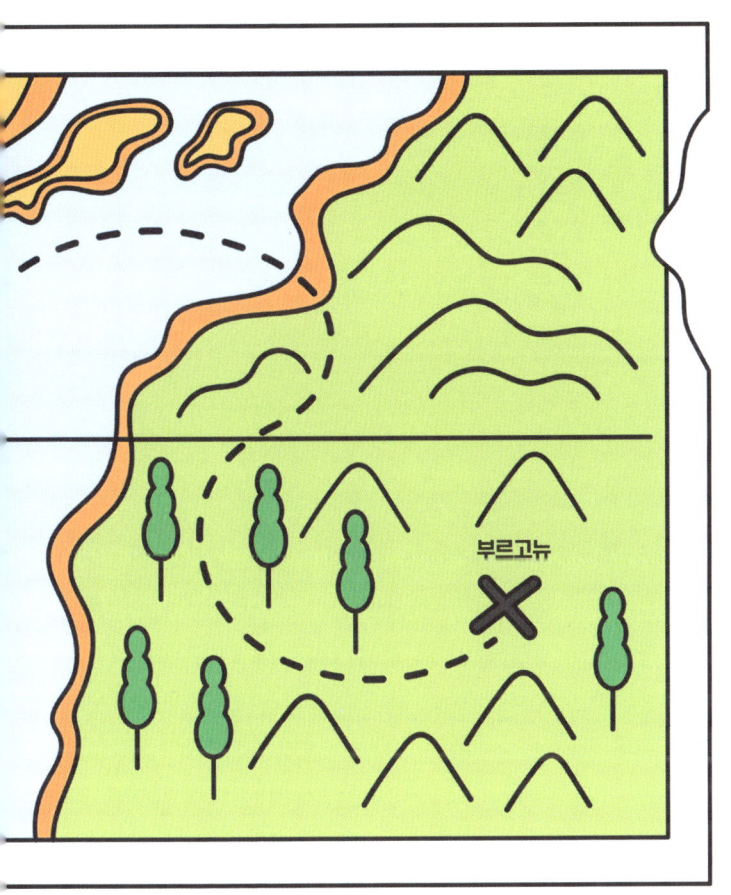

- 매력적이고 일관성 있고 편하다. 골든 리트리버처럼!
- 약간 달콤한 와인을 좋아한다
- 대부분의 사람들이 피노 누아를 좋아한다

좋아할 만한
다른 와인

- 보졸레
- 부르고뉴 레드

시도해 볼 만한
와인

- 부르고뉴를 깊이 파고든다. 같은 생산자가 만든 다양한 마을 와인을 맛보고 미묘한 차이를 느껴본다.

피노 누아는 전 세계에서 생산되는 가벼운 레드 와인이다. 이 포도의 원산지는 프랑스의 부르고뉴 지역이지만, 프랑스가 원산지인 다른 위대한 포도들처럼 전 세계로 퍼져나갔다. 그러니까 옛날에 어떤 프랑스인이 외국으로 이민을 가면서 자신이 젖먹이 시절부터 마시던 와인을 계속 마시기 위해, 포도나무 가지를 가방에 넣어갔다. 그렇게 해서 피노 누아는 이제 캘리포니아주, 오리건주, 호주, 이탈리아, 아르헨티나, 독일에서도 나게 되었다.

피노 누아 와인은 대부분 라이트 바디이며, 사탕과 흙냄새가 나고, 딸기잼과 향신료 맛이 난다. 신대륙에서는 피노 누아를 새 오크통에 숙성시킬 때가 많아서 바닐라와 캐러멜 맛이 나기도 한다. 같은 포도라도 부르고뉴의 피노 누아는 흙냄새가 더 나면서 미묘한 풍미가 있다. 그래서 부르고뉴(74쪽 참조)와 기타 지역의 피노 누아를 따로 다룬다. 물론 다른 산지의 피노 누아가 국가별로 개성이 없는 것은 아니다. 캘리포니아와 독일의 피노 누아는 다른 산지보다 진하고 약간 더 풀 바디이다. 뉴질랜드, 아르헨티나, 오리건주 피노 누아는 흙냄새와 꽃향기가 더 난다는 면에서 프랑스 피노 누아와 좀 더 비슷하지만, 그래도 부르고뉴보다 과일 향이 강하다.

피노 누아는 참 재미있는 와인이다. 사람들이 와인에 입문하는 계기가 되는 와인이기도 하지만, 와인에 열정적인 사람들의 종착점이 되는 와인이기도 하다. 처음에는 캘리포니아주와 오리건주의 비싸지 않은 피노 누아에 끌리게 되고, 예산이 무궁무진한 와인 전문가들은 부르고뉴 와인을 갈망한다. 사실 다른 산지의 피노 누아를 탐색하는 재미도 있다. 전 세계에서 가성비 높은 피노 누아를 찾아볼 수 있고, 무엇을 마실지 모르는 상황에서도 안전한 선택이다.

Riesling

— 리슬링 —

- 아주 차고 상큼한 와인을 좋아한다
- 드라이한 리슬링에서 아이셔 맛이 나서 좋다
- 달콤한 리슬링에서 파인애플 시럽을 뿌린 아이스크림 맛이 나서 좋다
- 사람들이 나를 와인에 미친 사람이라고 생각했으면 좋겠다

좋아할 만한
다른 와인

- 슈냉 블랑

시도할 만한
다른 와인

- 그뤼너 펠트리너
- 독일 실바너

이 와인을 들어본 적은 있을 것이다. 정말 싫어할 수도 있다. 당신에게 "맛을 모른다"라고 말하는 사람들도 사실은 〈솜(Somm)〉 다큐멘터리를 봤기 때문에 맛을 알게 되었을 것이다. 그 다큐를 안 봤다면 그들도 몰랐을 것이다.

우리가 리슬링을 싫어한다는 말은 아니다. 가끔 좋아한다. 무척 맛있을 때도 있고, 상황에 딱 어울리는 와인이 되기도 한다. 향신료가 많이 들어간 음식을 먹고 있다든지, 하루 꼬박 술을 마셔서 알코올 도수가 낮은 술이 필요하다든지 그런 상황 말이다.

리슬링은 주로 독일과 오스트리아에서 자라는 포도다. 하지만 다른 지역에서도 재배되는데 호주와 뉴욕이 잘 알려져 있다. 누군가는 호주 리슬링에서 테니스공 냄새가 난다고 한다. 실제로 좀 그렇다. 대체로 백도와 향수 냄새, 신 감귤류와 꿀맛이 난다. 꿀맛은 당도에 따라 다르고, 범위도 매우 넓다. 그렇다면 달콤한 정도는 어떻게 알 수 있을까? 독일 리슬링 라벨에서 다음 네 단어를 찾아보자. 가장 드라이한 와인부터 가장 달콤한 와인 순서이다. 트로켄, 카비네트, 슈패트레제, 아우스레제.

Rioja

— 리오하 —

이 와인을
좋아하는 이유는?

- 오래된 서점 냄새를
  좋아한다
- 오래되고 저렴한 와인을
  찾아낼 수 있는
  현명한 소비자이다

좋아할 만한
다른 와인

- 보르도
- 키안티

시도해 볼 만한
와인

- 아마로네
- 방돌

리오하는 유명한 스페인 와인 산지다. 이 지역에서 나는 레드 와인은 대부분 템프라니요라는 포도로 만들고, 대부분 색이 옅지만, 풍미는 묵직하다. 리오하 와인은 보통 풀 바디이며 담배 냄새와 달콤한 체리 향이 나고, 오크통 숙성 덕분에 흙과 향신료 맛이 난다. 체리 파이를 먹으면서 시가를 피운다고 상상해보자. 윈스턴 처칠은 분명 그렇게 했을 것이다.

리오하는 숙성이 어느 정도 되었으면서 가격이 적당한 와인을 생산하는 훌륭한 산지다. 그래서 입문자가 오래된 와인을 마시는 경험을 하기에 좋다. 리오하의 생산자들은 와인을 판매하기 전에 몇 년 동안 저장고에 보관한다. 라벨에 표기된 '그란 레세르바' 또는 '레세르바'는 와인이 출시 전에 얼마나 오래 숙성되었는지 알려주는 스페인의 법적 명칭이다. '그란 레세르바'는 5년, '레세르바'는 3년을 뜻한다.

Sauvignon
Blanc

───── 소비뇽 블랑 ─────

이 와인을
좋아하는 이유는?

- 칵테일 맛이 난다
- 과일 향이 나면서 상큼한
  와인을 좋아한다
- 저렴하다

좋아할 만한
다른 와인

- 알바리뇨
- 베르멘티노

시도해 볼 만한
와인

- 에트나 비앙코
- 그뤼너 펠트리너

소비뇽 블랑은 세계에서 가장 흔한 포도 품종 중 하나다. 주요 생산국은 프랑스, 이탈리아, 뉴질랜드이지만 칠레, 남아프리카공화국, 미국, 호주 등으로 많은 나라에서 자란다. 간단히 말하면 자몽과 허브 맛이 나는 라이트 바디 와인이다. 그리고 몹시 더울 때 아주 차게 마셔야 가장 맛있다. 바닷가 같은 곳에서 말이다.

프랑스의 소비뇽 블랑은 상세르나 푸이 퓌메라고도 불리는데, 이는 루아르 계곡 내에 있는 산지이다. 와인에서는 허브와 레몬 맛이 나며 다른 산지 소비뇽 블랑보다 약가 더 새콤하고 가볍다.

뉴질랜드 소비뇽 블랑의 상당 부분은 말버러 지역에서 생산되며 라벨에 말버러라고 표기되어 있다. 매운맛을 뺀 할라페뇨 맛이다. 풍미가 강렬하지만 가볍고 상큼하다.

캘리포니아 소비뇽 블랑은 일반적으로 오크통에서 숙성하며, 그 덕분에 다른 산지의 소비뇽 블랑보다 약간 진한 맛이 난다.

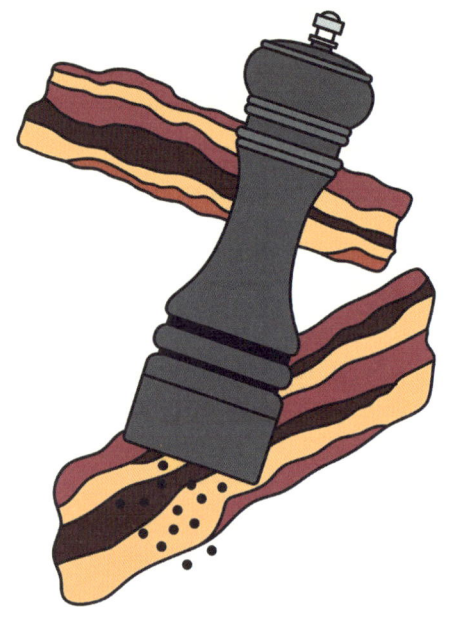

Syrah

—— 시라 ——

이 와인을 좋아하는 이유는?

- 베이컨 냄새가 난다
- 묵직한 와인을 좋아하고, 다양한 와인을 맛보고 싶다

좋아할 만한 다른 와인

- 보르도
- 코트 뒤 론
- 그르나슈

시도해 볼 만한 와인

- 스페인 멘시아

시라로 만든 와인은 포도가 자란 지역에 따라 무척 다른 특징을 가진다. 프랑스 론 지역의 시라는 묵직하고 흙냄새, 후추 냄새, 스모크 향이 나지만 상쾌하다. 호주에서 나는 시라는 시라즈라고 부르며 알코올 도수가 높은 와인에 속한다. 맛은 민트 초코 아이스크림과 좀 비슷하다. 워싱턴과 캘리포니아의 시라는 그 중간 정도쯤 된다. 어떤 스타일을 좋아하는지 알 수 있는 가장 좋은 방법은 마셔보는 것이다.

프랑스에 있는 작은 언덕인 에르미타주는 시라의 원산지이며 세계 와인 산지 중에서도 중요한 곳이다. 특히 에르미타주에서 생산된 와인은 무척 비싸다. 프랑스의 다른 시라 산지 중에서는 생 조제프, 크로즈 에르미타주, 코르나스가 가성비가 좋다.

Vermentino

베르멘티노

- 신혼여행 중에 마신 와인이다
- 싸고 갈증을 해소시켜준다
- 초밥과 같이 마시기 좋다

좋아할 만한
다른 와인

- 알바리뇨
- 샤블리

시도해 볼 만한
와인

- 에트나 비앙코
- 피아노

베르멘티노는 거의 이탈리아의 지중해 연안과 사르데냐 섬에서만 자라는 포도다. 그리고 라이트 바디이면서 상큼하고, 짭짤하고, 비싸지 않은 화이트 와인이다. 아마 언젠가 이탈리아 식당에서 (어쩌면 모르고) 마셔본 적이 있을 것이다. 복숭아, 레몬, 그리고 바닷물 맛으로 꽤 단순한 편이다. 나중에 일이 잘 풀려 이탈리아 해변이나 적어도 야외 수영장이 있는 곳에 자주 쉬러 갈 수 있다면, 그때 마시기에 가장 적합한 와인이다. 어떤 상황에서든 적어도 피노 그리지오 대신 마시기에 정말 좋다.

우리가
가장
좋아하는
생산자들

이제 지식을 어느 정도 갖추었으니, 훌륭한 생산자 이름에 익숙해지기만
하면 자신감이 무척 높아질 것이다. 그렇게 된다면 와인 리스트를 훑어
보면서 같은 지역 안에서 비슷한 가격대에 있는 와인을 몇 가지 추려보
고, 익숙한 생산자 이름을 찾아서 고를 수 있다. 다음은 국가별로 분류한
생산자 목록이다. 몇몇 유명한 이름들이 안 보인다는 사실을 알아차렸을
수도 있을 것이다. 이 목록에 없다는 말은 우리가 와인의 품질이 명성에
는 못 따라간다고 판단했다는 뜻이다.

프랑스

샹파뉴

Agrapart 아그라파르
Cedric Bouchard 세드릭 부샤르
Chartogne-Taillet 샤르토뉴-타이에
Dhondt-Grellet 동 그레예
Dom Perignon 돔 페리뇽
Emmanuel Brochet
  엠마뉘엘 브로셰
Krug 크뤼그
Maison Bereche 메종 베레슈
Marie Courtin 마리 쿠르탕
Pierre Peters 피에르 페테르
Robert Moncuit 로베르 몽퀴
Savart 사바르
Selosse 셀로스
Tarlant 타를랑

샤블리

Domaine Raveneau 도멘 라브노
Domaine Roland Lavantureux
  도멘 롤랑 라방튀레
Domaine Savary 도멘 사바리
Eleni et Edouard Vocoret
  엘레니 에 에두아르 보코레
Moreau-Naudet 모로 노데
Vincent Dauvissat 뱅상 도비삿
Vincent Mothe 뱅상 모트

부르고뉴 화이트

Colin Morey 콜랑 모레
Domaine Bachelet-Monnot
  도멘 바슐레 모노
Domaine Bernard Moreau
  도멘 베르나르 모로
Domaine Chantereves
  도멘 샹트레브
Domaine Coche Dury
  도멘 코슈 뒤리
Domaine des Comtes Lafon

도멘 데 콩트 라퐁
Domaine des Croix 도멘 데크루아
Domaine Genot-Boulanger
  도멘 주노 불랑제
Domaine Leflaive 도멘 르플레브
Domaine Roulot 도멘 룰로
Paul Pillot 폴 피요
Pierre Morey 피에르 모레
Pierre Yvesche Dury
  피에르 이브슈 뒤리

루아르 계곡

Chateau de Bonnezeaux
  샤토 드 본느조
Chateau de Breze 샤토 드 브레제
Chateau Yvonne 샤토 이본
Domaine Andree 도멘 앙드레
Domaine Bailly-Reverd
  도멘 바이 르베르
Domaine Bernard Baudry
  도멘 베르나르 보드리
Domaine du Collier 도멘 뒤 콜리에
Domaine Guiberteau
  도멘 귀베르토
Domaine Vacheron 도멘 바슈롱
Francois Cotat 프랑수아 코타
Huet 위에
Olga Raffault 올가 라포
Pepiere 페피에르
Richard Leroy 리샤르 르루아
Thomas-Labaille 토마 라바이유

부르고뉴 레드

Domaine de Montille
  도멘 드 몽티유
Domaine Didier Fornerol
  도멘 디디에 포르느롤
Domaine du Comte Liger
  Belair 도멘 뒤 콩트 리제 블레르
Domaine Dujac 도멘 뒤작
Domaine Henri Gouges

도멘 앙리 구주
Domaine Jacques Frederic
  Mugnier 도멘 자크 프레데릭 뮈니에
Domaine Marquis d'Angerville
  도멘 마르키 당제르빌
Domaine Michel Lafarge
  도멘 미셸 라파르주
Domaine Mugneret Gibourg
  도멘 뮈네레 지부르
Domaine Robert Chevillon
  도멘 로베르 슈비용
Domaine Roumier 도멘 루미에
Domaine Simon Bize 도멘 시몽 비즈
Joseph Drouhin 조제프 드루앙

보졸레

Clos de la Roillette
  클로 드 라 루알레트
Domaine Chapel 도멘 샤펠
Jean Foillard 장 푸아야르
Jean-Louis Dutraive
  장 루이 뒤트레브
Julien Sunier 쥘리앙 쉬니에
Marcel Lapierre 마르셀 라피에르
Yves Metras 이브 메트라

쥐라

Adeline Houillon & Renaud
  Bruyere
  아들린 우이용 & 르노 브뤼에르
Domaine du Pelican
  도멘 뒤 펠리캉
Domaine les Bottes Rouges
  도멘 레 보트 루주
Domaine Tissot 도멘 티소

북부 론 계곡

Alain Graillot 알랭 그라이요
Auguste Clape 오귀스트 클라프
Bernard Faurie 베르나르 포리
Clusel-Roch 클뤼셀 로슈

Domaine Faury 도멘 포리
Jean-Baptiste Souillard
　장 밥티스트 수이야르
Jean Gonon 장 고농
Jean-Louis Chave 장 루이 샤브
Jean-Michel Stephan
　장 미셸 스테팡
Vincent Paris 뱅상 파리

남부 론 계곡과 남프랑스
Chateau de Beaucastel
　샤토 드 보카스텔
Chateau des Tours 샤토 데 투르
Chateau Rayas 샤토 라야스
Domaine Brun-Avril
　도멘 브륑 아브릴
Domaine Charvin 도멘 샤르뱅
Domaine Tempier 도멘 탕피에
Eric Texier 에릭 텍시에
Henri Bonneau 앙리 보노

보르도
Chateau Ausone 샤토 오존
Chateau Bourgneuf 샤토 부르뇌프
Chateau Latour 샤토 라투르
Chateau Massereau 샤토 마스로
Chateau Montrose 샤토 몽로즈
Domaine de Galouchey
　도멘 드 갈루셰
Grand-Puy-Lacoste
　그랑 퓌 라코스트
Pape Clement 파프 클레망
Vieux Chateau Certan
　비유 샤토 세르탕

이탈리아

토스카나
Castell'in Villa 카스텔린 빌라
Castello di Ama 카스텔로 디 아마
Cerbaiona 체르바이오나

Fattoria di Sammontana
　파토리아 디 삼몬타나
Felsina 펠시나
Il Paradiso di Manfredi
　일 파라디조 디 만프레디
Il Poggione 일 포지오네
Isole e Olena 이졸레에 올레나
Monteraponi 몬테라포니
Montevertine 몬테베르티네
Padelletti 파델레티
Salvioni 살비오니
Sassicaia 사시카이아
Sesti 세스티
Stella di Campalto 스텔라 디 캄팔토

피에몬테
Bartolo Mascarello
　바르톨로 마스카렐로
Boniperti 보니페르티
Brovia 브로비아
Cantina del Pino 칸티나 델 피노
Cascina Fontana 카시나 폰타나
Colombera & Garella
　콜롬베라 & 가렐라
G.B. Burlotto G.B. 부를로토
G.D. Vajra G.D. 바이라
Giacomo Conterno
　쟈코모 콘테르노
Giovanni Canonica
　죠반니 카노니카
Giuseppe Rinaldi 주세페 리날디
Le Pianelle 레 피아넬레
Piero Busso 피에로 부쏘
Poderi Colla 포데리 콜라
Roagna 로아냐
Vietti 비에티

시칠리아
Benanti 베난티
De Bartoli 데 바르톨리
Girolamo Russo 지롤라모 루쏘

I Custodi 이 쿠스토니
I Vigneri 이 비녜리
Occhipinti 오키핀티

여러 지역의 이탈리아 화이트 와인 생산자
Borgo del Tiglio 보르고 델 틸리오
Bruna 브루나
Ciro Picariello 치로 피카리엘로
Guido Marsella 귀도 마르셀라
Il Torchio 일 토르키오
Mitja Sirk 미티야 지르크
Punta Crena 푼타 크레나
Ronco del Gnemiz 론코 델 녜미즈
Scarpetta 스카르페타
Venica & Venica 베니카 & 베니카
Walter Massa 발테르 마싸

여러 지역의 이탈리아 레드 와인 생산자
Ar.Pe.Pe. 아르.페.페.
De Fermo 데 페르모
Emidio Pepe 에미디오 페페
Ognostro 오뉴스트로
Paolo Bea 파올로 베아
Ronchi di Cialla 론키 디 찰라
Valentini 발렌티니

미국

캘리포니아
Arnot-Roberts 아르노 로버츠
Bedrock Winery 베드락 와이너리
Ceritas 세리타스
Corison 코리슨
Domaine de la Côte
　도메인 드 라 코트
Failla 파일라
Heitz 하이츠
Hirsch 허슈
Lieu Dit 류 디

Matthiasson 마티아슨
Mayacamas 마야카마스
Pax 팩스
Piedra Sassi 피에드라 사씨
Ridge 릿지
Ryme Cellars 라임 셀러즈
Scribe 스크라이브
Snowden 스노덴
Tyler 타일러
Wenzlau Vineyards
　웬즐라우 빈야즈
Wonderland Project
　원더랜드 프로젝트

태평양 북서부
Antica Terra 안티카 테라
Buona Notte 부오나 노테
Evening Land 이브닝 랜드
Hiyu 히유
Lingua Franca 링구아 프랑카
Walter Scott 월터 스캇

뉴욕
Channing Daughters 채닝 도터즈
Empire Estate 엠파이어 에스테이트
Macari 마카리

스페인

갈리시아
Algueira 알구에이라
Luis Rodriguez
　루이스 로드리구에스
Raul Perez 라울 페레스
Silice Tinto 실리세 틴토

리오하
Akutain 아쿠타인
La Rioja Alta 라 리오하 알타
Lopez de Heredia
　로페스 데 에레디아

Olivier Riviere 올리비에 리비에레

프리오라트
Comando G 코만도 G
Nin-Ortiz 닌 오르티스
Terroir Al Limit 테루아르 알 리밋

독일과 오스트리아

Alzinger 알칭거
Clemens Busch 클레멘스 부슈
Donnhoff 되노프
Gunther Steinmetz 귄터 슈타인메츠
Josef Leitz 요제프 라이츠
Keller 켈러
Moric 모릭
Sohm and Kracher 좀 앤드 크라허
Stein 슈타인

아르헨티나와 칠레

Chacra 차크라
Mendel 멘델
Pedro Parra 페드로 파라
Tikal 티칼
Zorzal 조르잘

호주

An Approach to Relaxation
　언 어프로치 투 릴랙세이션
Bindi 빈디
by Farr 바이 파
Clonakilla 클로나킬라
Jamsheed 잼쉬드
Ochota Barrels 오코타 배럴스

뉴질랜드

Burn Cottage 번 코티지
Seresin 세레신

남아프리카공화국

Momento 모멘토
Mullineux 뮐리노

로제

Ametzoi Txakolina
　아메초이 샤콜리나
Bieler Pere et Fils
　비엘러 페르 에 피으
Domaine Tempier 도멘 탕피에
Domaine Triennes 도멘 프리엔느
Ioppa 이오파
Lorenza 로렌사

내추럴 와인

Cellar de Roure 셀러 드 루르
Celler Escoda 셀러 에스코다
Chateau de Beru 샤토 드 베뤼
Eduardo Torres Acosta
　에두아르도 토레스 아코스타
Envinate 엔비나테
Gabrio Bini 가브리오 비니
Ganevat 가네바
Gut Oggau 굿 오가우
L'Anglore 랑글로르
La Stoppa 라 스토파
Marko Fon 마르코 폰
Matassa 마타싸
Menti 멘티
Pierre Overnoy 피에르 오베르누아
Prieure-Roch 프리외르 로슈
Sebastian Riffault
　세바스티앙 리포
Stephane Bernadeau
　스테판 베르나도
Tournelle 투르넬
Tschida 치다

왜
이런 것을
알아야
할까?

지식이
사회적 자본이 될 때

이제 어느 정도 지식이 생겼으니 행동으로 옮길 때가 되었다. 활용하기 위해 지식을 얻은 것이 아닌가? 그러나 당신은 지식만 갖게 된 것이 아니다. 사회적 자본을 갖게 된 것이다. 와인 리스트에서 맛있는 와인을 고르거나 직장 상사를 위한 선물로 적합한 와인을 선택하는 능력 덕분에, 당신은 순식간에 전보다 더 흥미로운 사람이 되었을 것이다. 사실 흥미로운 사람이 되고 싶지 않은 사람이 어디에 있겠는가? 그래서 다들 개인기 하나씩 감춰두지 않았는가?

와인 라벨 해석하기

와인을 고를 때 가장 혼란스러운 점을 꼽으라면 라벨을 이해하는 일이다. 프랑스는 라벨에 표기해야 하는 정보(생산자, 포도밭 등)에 대한 법규가 무척 엄격지만, 다른 국가들은 대부분 그렇지 않다. 그렇다보니 보편적인 규칙이라 할 정도의 일관성이 없다. 와인 라벨을 만들 때 전 세계가 통일된 형식을 따르면 정말 좋겠다. 그러나 아직 미터법마저도 모든 나라에서 사용하지는 않는 세상이다. 인치, 온스 같은 계량법을 없애고, 라벨을 통일하면 좋을 텐데 말이다.

일단 라벨을 읽는 팁을 알려주려고 하는데, 도움이 될 때도 있고 아닐 때도 있을 것이다. 일반적으로 가장 먼저 눈에 들어오는 것은 생산자다. 라벨에서 가장 두드러지는 단어일 때가 많다. 빈티지는 포도를 수확한 해를 말한다. 날씨에 따라서 빈티지마다 와인 맛이 달라지는데, 그 해 춥고 비가 많이 왔다면 와인은 보통 라이트 바디이다. 반대로 덥고 건조한 해였다면 같은 와인이라도 색이 어둡고 과일 향이 더 풍부하다. 필요한 다른 정보들은 아마도 모두 라벨에서 너무 작지 않은 활자로 표기되어 있을 것이다. 그 내용을 보면 포도 품종이나 지역을 알 수 있다.

작은 활자로 표기된 내용 중에서 병의 크기와 무게는 규격을 따르기 때문에 중요하지 않다. 그러나 ABV(알코올 함량)는 중요하다. 와인의 바디를 암시하고, 바디는 정말로 중요하기 때문이다.

특히 라벨에 있는 다른 내용을 이해하지 못한다면 더욱 중요하다. 만약 라벨에 있는 언어를 전혀 이해하지 못하는 상황에서 가벼운 레드나 상큼한 화이트, 혹은 묵직한 레드나 크리미한 화이트를 원한다면? 다행스럽게도 숫자라는 세계 공용어가 있다. 그러니까 라벨에 표기된 비율을 보면 된다. 높을수록 진한 와인이고 낮을수록 상큼한 와인이다. 와인의 알코올이 13.5% 이하이고 구대륙 와인이라면 가벼운 레드나 상큼한 화이트일 것이다. 알코올이 13.5% 이상이고 신대륙 와인이라면 묵직한 레드이거나 크리미한 화이트일 것이다.

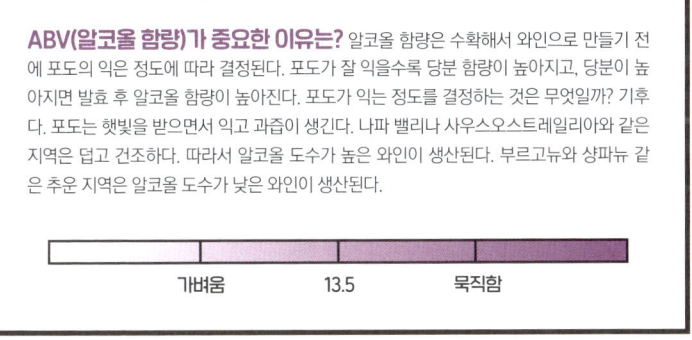

ABV(알코올 함량)가 중요한 이유는? 알코올 함량은 수확해서 와인으로 만들기 전에 포도의 익은 정도에 따라 결정된다. 포도가 잘 익을수록 당분 함량이 높아지고, 당분이 높아지면 발효 후 알코올 함량이 높아진다. 포도가 익는 정도를 결정하는 것은 무엇일까? 기후다. 포도는 햇빛을 받으면서 익고 과즙이 생긴다. 나파 밸리나 사우스오스트레일리아와 같은 지역은 덥고 건조하다. 따라서 알코올 도수가 높은 와인이 생산된다. 부르고뉴와 샹파뉴 같은 추운 지역은 알코올 도수가 낮은 와인이 생산된다.

가벼움   13.5   묵직함

RHEINGAU | GERMANY

RIESLING

왼쪽 레이블 설명

1. 생산자
2. 빈티지
3. 이 두 가지를 보고, 이 와인이 리슬링이라는 것을 알 수 있다.
4. 마을
5. 포도밭
6. 당도 수준
7. 법정 표기 사항
8. 포도

오른쪽 레이블 설명

1. 법정 표기 사항
2. 장식용 아트
3. 생산자
4. 빈티지
5. 지역(그리고 그에 따르는 법적으로 정해진 포도)
6. 법정 표기 사항
7. 포도밭
8. 알코올
9. 법적 표기 사항
10. 용량
11. 법적 표기 사항

① 글 대신 그림만 있다면 아마 여러 가지 포도가 진뜩 들어간 블렌드일 것이다. 와인은 묵직하고 과즙이 풍부할 가능성이 크다.

① 와이너리에 대한 정보
② 가족 문장
③ 빈티지
④ 법정 표기 사항
⑤ 가족 문장
⑥ 와이너리 모토
⑦ 지역(따라서 법적으로 허용된 포도)
⑧ 법정 표기 사항
⑨ 법적 표기 사항
⑩ 와이너리
⑪ 법적 표기 사항

참고사항

- 와인 라벨을 포괄적으로 이해할 방법은 없지만, 우리 방식이 도움이 되기를 바란다.
- 거의 모든 나라에서 법적분류 방식은 필수다.
- Domaine이라는 단어 다음에 나오는 단어는 무조건 와이너리 이름이다.
- 라벨에 포도 품종이 항상 표기되어 있지는 않다.

와인 리스트를 완전히 이해하지 못했지만, 잘 아는 것처럼 보이는 방법

우리도 다 겪어보았다. 잘 보이고 싶은 상대와 저녁 식사 중이라고 생각해보자. 이를테면 결혼하고 싶은 사람이나 사업하고 싶은 사람, 아니면 고양이 이야기를 나눌 사람 말이다. 어쩌다 보니 와인 리스트가 당신한테 오게 되었는데 아무 생각 없이 고른 다음 카베르네 프랑을 '캐비닛 프랑크'라고 발음하거나, 긴장해서 얼어붙어 버린다면? 멋있어 보이지는 않을 것이다.

걱정하지 마라. 우리는 2,000쪽짜리 와인 교재 없이도 당신을 도와줄 수 있다. 다음 여덟 가지 단계를 따르기만 하면 된다.

1.

와인 리스트를 아는 사람을 찾아라.
당신이 보고 있는 와인 리스트는 식당에서 일하는 누군가가 와인을 골라서 만든 것이다. 그 사람이 소믈리에일 수도 있고, 와인 책임자나 와인 전문가일 수도 있다. 식당 주인이거나 와인을 잘 아는 매니저일 수도 있다. 만약 와인에 대해 아는 사람이 아무도 없다면 어떤 와인을 고르든 상관없을 것이다. 눈 감고 아무거나 고르거나 차라리 맥주를 마시자.

2.

돈을 얼마나 쓰려고 하는지부터 정하자. 설사 5만 원이라고 하더라도 확실하게 말하자. 좋은 식당들은 가성비 좋은 와인이 리스트에 있다고 자부하기 때문에 소믈리에나 와인 담당자에게 예산을 알려주면 좋아할 것이다.

와인에 빠지는 방법

3.

레드, 화이트, 스파클링, 로제 등 일반적인 범주를 정한다. 어떤 상황이든 절대 '화이트 진판델'이라고 말하면 안 된다. 그런 와인은 슈퍼마켓 또는 쓰레기통에나 있다.

4.

국가 또는 큰 와인 산지를 고른다. 확신이 없다면 안전하게 프랑스나 캘리포니아라고 말하자. 우선 간난하고, 서의 모든 와인 리스트에서 찾을 수 있기 때문이다. 이탈리아도 안전한 선택이기는 하지만 추가 질문이 들어오면 포도와 지역이 너무 많아서 대답하기 어려워질 수 있다.

5.

스타일 또는 포도 품종을 고른다.
스타일 = 라이트, 미디엄, 풀 바디.
포도 품종 = 피노 누아, 샤르도네 등.

6.

자신감을 갖는다. 자신이 무슨 말을 하는지 모르겠더라도 자신 있게 말하자.

7.

조언을 구하라. 답을 정해 놓은 상태가 아니라면 와인 담당자가 당신을 도와줄 수 있다.

8.

't' 발음에 주의하라. 혹시나 해서 하는 말이다.

예시 ─────

Cabernet sauvignon
카베르네트 쇼비뇽 ✕
카베르네 쇼비뇽 ○

Pinot noir
피노트 누아 ✕
피노누아 ○

왜 이런 것을 알아야 할까?

아마 다음과 같은 식으로 말하게 될 것이다.

"8만 원 정도 하는 캘리포니아 레드를 찾는데, 가벼운 쪽으로 찾고 있어요. 추천해 주시면 좋겠습니다."

훌륭한 소믈리에라면 당신의 설명을 이해하고, 좋아할 만한 와인을 골라줄 것이다. 와인 지식이 조금 부족한 직원이라도 당신이 찾는 것과 비슷한 와인을 가져다 줄 수 있을 것이다. 무엇보다 중요한 것은 자신감 있게 와인을 주문하는 당신의 모습이 함께 있는 일행에게 좋은 인상을 심어 준다는 것이다. 나중에 마시고 있는 와인에 대해 전혀 모른다고 웃으며 고백하게 되더라도 말이다.

거의 모든 와인 리스트에서 찾을 수 있는 "백 퍼센트 안전한" 와인 선택

- 샴페인
- 샤블리
- 부르고뉴 화이트
- 이탈리아 화이트 (피노 그리지오 말고)
- 바르베라
- 보졸레
- 키안티
- 코트 뒤 론
- 산타 바바라 피노 누아

와인에 빠지는 방법

와인 가게에서 고르기

와인을 더 잘 알고 싶다면 괜찮은 와인 가게를 알아놓고 자주 갈 수 있어야 한다. 동네에 있어서 와인 사러 가는 일이 너무 귀찮지 않으면 더욱 좋을 것이다. 그렇다면 괜찮은 와인 가게는 어떤 곳일까?

기본 원칙은 다음과 같다. 우선 진짜 와인 가게인지 아니면 주류 전문점인데 와인도 판매하는 곳인지 알아야 한다. 한번 둘러보자. 매장에 위스키가 있는가? 위치는 상관없다. 만약 있다면 주류 전문점이지 와인 가게는 아니다.

이런 절대적인 기준 말고도 도움이 될 만한 다른 정보들이 있다.

괜찮은 와인 가게라면:

- **서늘하다.** 와인 한 병을 열었는데 체온보다 따뜻했던 적이 있는가? 정말 별로다. 와인을 따뜻한 실내에 두어서는 안 된다.

- **가끔 시음 행사나 소규모 와인 행사를 연다.**

- **판매대에 직원 추천 등 안내 사항이 있다.** 미국의 경우 직원 추천 내용에 평점도 포함되어 있는 경우가 많다. 보통 100점을 만점으로 하는 점수와 와인이 괜찮은 이유를 작은 상품설명서에 적어서 판매대에 붙여놓는다. 이 점수 시스템은 가게에서 만든 것이 아니라 와인 평론가인 로버트 파커가 정기간행물 〈더 와인 애드버킷(The Wine Advocate)〉에서 사용하기 위해 만든 것이다. 1970년대 말부터 시작된 파커의 100점 만점 시스템 덕분에 와인을 평가하는 방식과 소비자들이 와인을 받아들이는 방식이 바뀌었다. 지금도 이 시스템은 상당한 영향력을 갖는다. 하지만 이 평가 시스템을 얼마나 신뢰하는가는 당신이 어떤 와인을 마시는가에 따라 달라질 것이다. 이제 적어도 평가 시스템이 어떻게 시작되었는지 알았으니 활용할지 말지는 당신이 선택하면 된다.

- **직원들이 친근감 있고, 친절하고, 당신을 도와주려고 한다.** 와인 가게에 전문 지식을 갖춘 직원이 있다는 것은, 와인 취향을 알아갈 때 굉장히 중요하다. 동네 레코드 가게에서 음반을 사던 사람이라면, 좋은 음악을 찾을 때 직원이 얼마나 중요했는지 기억할 것이다. 와인 가게도

와인에 빠지는 방법

비슷하다. 괜찮다고 느낀 가게는 주인이나 직원이 와인에 열정이 있는 사람이었을 것이다. 그리고 그들은 손님들이 좋아하는 와인을 찾아주는 일에도 열정적일 것이다. 즉, 나의 레코드 가게 이론에 따라 좋은 가게와 좋은 직원을 찾는다면, 그들은 당신의 취향에 맞는 '픽시스' 앨범 같은 와인을 살 수 있도록 도와줄 것이다. 적어도 누구나 알고 있는 'U2' 앨범 같은 와인을 추천하지는 않을 것이다.

괜찮은 가게와 좋은 직원이 있다면 다음 단계는 무척 쉽다. 물어보면 된다. 몇 군데 다녀보는 것도 좋지만(곧 그렇게도 하게 된다) 가게마다 와인을 진열하는 방식이 다를 수 있고, 가게들이 대부분 국가나 지역별로 와인을 분류해 놓는 정도이지, 정말로 믿을만한 조언을 해주지는 못한다는 문제가 있다. 어떤 상황에서 마실 와인을 사려고 하는지, 얼마를 쓸 생각인지, 그리고 평소에 좋아하는 와인이 무엇인지 누군가에게 알려주는 편이 와인 쇼핑을 할 때 훨씬 생산적인 일이 될 것이다.

전문가의 팁: 직원에게 요즘 무엇을 마시는지 물어보자. 와인 가게에서 일하는 사람은 다양한 종류의 와인을 맛본다. 그의 입맛을 따라 해보자.

페어링

음식이 아닌
상황에 맞는 와인 고르기

와인을 어떻게 마시는가의 문제에서 페어링은 옛날부터 중요한 부분이었다. 역사적으로도 와인을 소개할 때는 가장 잘 어울리는 음식과 함께 언급했다. 샤블리와 굴, 샴페인과 치킨, 키안티와 파스타, 특정 와인과 '사냥 고기' 같은 조합을 들어본 적이 있을 것이다. 그런 조합이 옳다는 사실은 모두 알고 있다. 그렇지만 당신이 막 사냥해 온 꿩을 저장고에 있는 와인 중에서 어떤 것과 마셔야 할지 골라야 할 일은 없을 것이다.

우리가 말하는 페어링은 필요한 상황에 딱 맞는 와인을 고르는 일이다. 홈 파티에 가져갈 와인 또는 브런치에 곁들일 와인을 고르는 일이, 버터 소스를 뿌린 넙치와 마실 와인을 고르는 일보다 훨씬 쓸모 있다. 따라서 우리는 실제로 있을 법한 상황을 예시로 적절한 와인을 고르는 방법을 알려줄 것이다.

파티에 가져가면 환영 받는 와인

'파티'는 정말 광범위한 용어다. 하지만 여기서는 누군가의 집에 친구들과 지인들이 모여, 집에서 만든 간단한 음식을 먹는 홈 파티 정도로 한정하겠다. 대학생들의 맥주 파티나, 야외에서 열리는 광란의 밤을 말하는 것이 아니다. 궁전 같은 별장에서 유명한 셰프를 초빙해 여는 파티도 아니다. 지극히 평범한 저녁 식사를 말하는 것이다.

그럼에도 파티란 상당히 광범위하다. 사실 어떤 와인을 들고 가도 좋다. 그러나 어느 정도의 지침이 있으면 성공할 가능성이 높아진다.

리오하 와인 가게에서 거금을 들여 사거나, 집에 아껴놓은 고급 와인을 들고 갈 상황은 아니다. 다른 손님들은 모두 적당한 가격대의 와인을 들고 왔는데, 혼자 비싼 와인을 들고 가서 눈에 띄고 싶지는 않을 것이다. 그럴 때 스페인 와인이 괜찮은 선택이고, 특히 리오하는 가격대도 적당하고 가성비가 좋다.

상세르 카고 바지 같은 와인이다. 섹시하지는 않지만, 여러 상황에서 유용하다.

쥐라 또는 멘시아 여러 사람이 모였다면, 피노 누아나 소비뇽 블랑은 겹칠 수 있다. 이런 날은 여럿이서 흥미로운 와인을 함께 마셔볼 기회다. 쥐라 와인은

독특하면서 거의 언제나 가격도 적당하다. 아니면 멘시아 포도로 만든 적당한 가격대의 스페인 레드 와인도 좋다.

보졸레 매그넘 언제나 환영받는 크기다. 6만원 정도면 적당한 보졸레 와인을 큰 병으로 살 수 있다. 역시 파티에는 매그넘 와인이 딱이다.

피자와 와인

살면서 있을 가장 즐거운 일 중 하나가 친구들 여럿이 모여서, 또는 혼자서 피자를 왕창 먹는 일이다. 행복한 삶이라면 이런 일이 자주 있을 것이고, 피자는 맛있으니 술을 고르는 일이 크게 힘들지 않을 것이다.

피자는 어떤 와인과 같이 먹어도 맛있고 아무것도 마시지 않아도 맛있기 때문이다. 그래도 피자와 먹었을 때 특별히 더 맛있는 와인이 있다.

바르베라 피자와 정말 잘 어울린다. 거의 모든 사람이 좋아할 만큼 매력이 넘친다. 풀 바디이지만 '묵직한 와인' 같은 느낌이 들지 않고 비싸지도 않다.

코트 뒤 론 와인 잔을 돌리면서 품평할 만한 와인은 아니지만, 음식과 마시기엔 적당한 와인이다. 일회용 컵에 마셔도 되는 레드 와인이 있다면 바로 코트 뒤 론이니, 죄책감 없이 일회용 컵을 사용해도 된다.

이탈리아 남부 레드 피자는 뉴욕이나 시카고에서 처음 만든 음식이 아니다. 이탈리아 남부에서 왔다. 음식과 와인의 확실한 페어링 공식은 음식의 원산지에서 만든 와인을 마시는 것이다. 폼

페이가 잿더미에 묻히기 전에도, 사람들은 고대 건물의 계단에 앉아서 와인을 마시며 피자 같은 음식을 먹었다. 몬테풀치아노 다브루초와 네로 다볼라는 피자의 원산지에서 온 와인이고 구하기도 쉽다.

바닷가 와인

믿거나 말거나, 로제 말고도 바닷가에서 마시기 좋은 와인들이 있다. 사실 꽤 많은 종류의 화이트 와인이 모래 묻은 샌드위치에 곁들이기에 완벽하다. 코르크가 아닌 스크루 캡인 와인이면 더 편하다. 아! 바닷가에서 레드 와인만은 마시지 말자. 입술이 자주색으로 물든 채 수영복을 입고 있으면 물개를 막 잡아먹은 북극곰처럼 보일 것이다.

로제 바닷가에서는 로제를 가벼운 맥주처럼 마실 수 있다. 아주 차게 마시게 되고, 많이 마시게 된다. 그렇게 해도 뭐라고 할 사람은 없다.

부담 없는 화이트 와인 거의 모든 화이트 와인은 햇볕 쨍쨍한 더운 날에 마시기 좋다. 특히 마르가리타처럼 감귤 향과 짠맛이 나는 와인을 추천한다. 소비뇽 블랑, 뮈스카데, 샤블리가 가장 잘 어울리니 비치백에 한 병 넣어가면 된다.

스웨터 입을 날씨에 어울리는 와인

이런 와인을 우리는 '살집 있는 와인'이라고도 부른다. 꽁꽁 얼어붙은 2월의 어느 날 저녁 미트볼을 마시는 말도 안 되는 상상을 해보자. 아마 나쁘지는 않겠지만, 좋지도 않을 것이다. 이 와인들은 영혼을 따뜻하게 해주면서, 겨울잠이 필요한 계절을 나는데 도움을 준다.

시라 베이컨 맛이 나고, 베이컨은 맛있다. 밖이 추우면 더 맛있는데, 그건 알아서 판단해보자.

네비올로 가벼운 와인이면서, 마실 때 풀 바디 같은 느낌이 들어서 재미있다. 이런 특징이 바롤로에서는 더 두드러진다. 카베르네 소비뇽을 좋아하지 않지만, 몸을 따뜻하게 해주는 와인을 원하는 사람에게 제격이다.

카베르네 소비뇽 스테이크를 굽고 카베르네 소비뇽 한 잔을 들고 가죽 의자에 앉아보자. 그것이 비건의 생활방식과 맞지 않는다고 생각하면 스테이크 대신 뿌리채소를 굽고, 가죽 의자 대신 일반 의자에 앉아도 된다. 대신 큰 개 한 마리는 꼭 곁에 있어야 한다.

와인에 빠지는 방법

브런치 와인

먼저 한 가지만 짚고 넘어가자면, 브런치가 무한리필일 필요는 없다. 솔직히 말하면 무한리필은 절대 반대다. 적당한 양은 좋은 것이며 현실적이기까지 하다. 무한리필 브런치 식당에서는 싸구려 샴페인에 오렌지 주스를 섞어 주거나, 아주 싼 보드카에 토마토 주스를 섞어 준다. 웬만하면 그보다 좋은 술을 마시자.

스파클링 와인 샴페인과 스파클링 와인은 주말에 먹는 점심과 아주 잘 어울린다. 스파클링 와인은 누구나 좋아하고, 적당한 가격대에서 고르더라도 꽤 맛있어서, 주스를 섞지 않아도 마실 만하다.

로제 브런치를 먹을 때 이미 기본 메뉴로 자리 잡은 로제는, 편안하게 온종일 마실 수 있는 와인이다. 평소대로 마시면 된다.

알코올 도수가 낮은 와인 일어나서 처음 먹는 끼니라면 알코올 도수가 중요하다. 브런치를 먹을 때는 13% 이하가 좋다. 술 몇 잔과 키슈 몇 조각 먹은 다음에 머리가 약간 띵해지는 증상이, 알코올 도수가 낮은 와인을 마시면 좀 덜할 것이다. 알코올 도수가 낮으면 보통 맛도 상큼한데, 날 좋은 일요일 오후에는 그런 맛이 더 잘 어울린다. 가볍게 마시자.

선물용 와인

직장 상사의 생일, 부모님의 결혼기념일, 또는 직장 상사 부모님의 결혼기념일이라면? 특별한 와인을 준비하는 것이 당연하지만 200만원을 쓸 수는 없다. 그러면 어떻게 해야 할까?

의미 있는 특정 연도에 생산된 와인을 사면 재미있다. 누군가 결혼한 해 또는 아기를 낳은 해처럼 말이다. 태어난 연도의 빈티지도 정말 좋다. 하지만 연배가 있는 지인이라면 돈이 꽤 많이 들 것이다. 이럴 때는 가성비가 좋고 소장 가치가 있는 특정 지역 와인을 구하는 것이 수백만 원, 수천만 원을 쓰지 않는 방법이다. 와인에 대해 당신보다 더 잘 아는 사람에게 선물하는 것이라면 이런 와인이 안전할 것이다. 그런 지역은 어디에서나 잘 알려져 있기 때문이다.

샴페인 말리지는 않겠지만, 중요한 날을 축하하기 위해 꼭 돔 페리뇽을 따야 하는 것은 아니다. 돔 페리뇽이 아니더라도 샹파뉴 지역에서 생산된 와인 중 6만 원에서 12만 원대의 특별한 와인들을 찾을 수 있을 것이다. 주황색 라벨이 붙은 샴페인을 사는 대신 소규모 생산자가 만든 그로어 샴페인을 골라보자. 프로처럼 보일 것이다.

부르고뉴 레드와 화이트 부르고뉴 와인은 세계에서 인기 있는 와인에 속한다. 그래서 몹시 비싼 편이다. 한 병에 수백만 원 정도는 쉽게 뛰어 넘을 것이다. 하지만 그렇게 비싸지 않으면서 선물할 만한 정도의 와인들도 있다. 볼네, 모레 생 드니, 생 토뱅 또는 뫼르소에서 생산된 와인을 구해보자. 부르고뉴에서 가성비가 높은 지역들이다. 12만 원 미만이면서 훌륭한 와인을 살 수 있다.

바롤로 와인을 좀 아는 사람에게 바롤로 한 병을 선물하면 약간 놀랄 것이다. 기뻐서 놀라기도 하겠지만, 당신이 와인을 잘 안다는 사실에도 놀랄 것이다. 클래식하면서 뻔하지 않고, 4만 원에서 7만 원대에 좋은 와인을 살 수 있다.

보르도 보르도는 가장 안전한 선택이다. 무엇이든 티파니 상자에만 넣으면 좋은 선물이 되는 것과 같다. 누군가에게 넥타이를 선물하려고 한다면, 넥타이 대신 선물할 수 있는 와인이 보르도다. 가격대도 엄청나게 다양해서 생각하고 있는 가격대에 맞는 와인을 찾을 수 있다.

혼자 마시기 좋은 와인

혼자 술을 마시면 좋지 않다고 말하는 사람은, 아마 혼자만의 공간에서 와인을 마시며 영화를 보는 저녁 시간을 보낸 적이 없음이 분명하다. 무엇이든 혼자서 해보는 것도 괜찮지 않은가? 그리고 한 번에 와인 한 병을 다 마실 필요가 없다는 사실을 기억하자. 물론 다 마셔도 상관없지만 말이다.

캘리포니아 카베르네 캘리포니아 카베르네는 소파에서 잠들고 싶은 기분일 때 마시기에 무척 좋은 와인이다. 알코올 도수가 높아서 포근한 타닌에 파묻혀 달콤하게 잠들 수 있다.

부르고뉴 레드 혼자 부르고뉴 레드를 마시고 있다면 제대로 된 인생을 살고 있는 것이다. 자신을 칭찬하자. 알코올 도수가 높은 편이 아니라서, 잠들지 않고 영화를 끝까지 보거나 지루한 책 또는 자신이 쓴 글을 끝까지 읽겠다고 결심한 날 밤에 마시기에 좋다.

반 병짜리 와인(하프 보틀) 반 병짜리 와인은 일반적인 750밀리리터의 절반인 작은 병이다. 반 병짜리라고 해서 아주 적은 편은 아니고, 혼자 마시기에 딱 적당한 크기다.

와인에 빠지는 방법

양념이 강한 음식과 마시는 와인

이런 상황에서는 마시는 와인 종류와 먹고 있는 음식이 의미 있게 상호작용한다. 양념이 강한 음식을 먹을 때에는 알코올 도수가 낮은 와인이 좋다. 알코올 도수가 낮은 와인은 상큼하고, 양념이 강한 음식에 많이 들어가는 시트러스나 허브와 잘 어울리기 때문이다.

리슬링 리슬링에는 다른 화이트 와인보다는 당분이 많이 들어있지만, 디저트 와인만큼 달지는 않기 때문에 양념이 강한 음식과 어울린다. 당분이 향신료와 균형을 이루도록 해준다. 입안에서 불이 났을 때 우유를 마시는 것과 비슷하다. 다만 우유 대신 와인을 마시는 것이다. 일곱 살 넘어서도 저녁을 먹으면서 우유를 마시는 사람이 어디 있겠는가?

샴페인 리슬링과 마찬가지로 약간의 단맛이 매운맛을 진정시켜준다. 또한, 거품은 와인을 빨리 마시게 만들어 갈증을 해소해준다.

보졸레 보졸레는 화이트 와인 같은 레드 와인이다. 새콤하고 술술 넘어가고 향신료 맛이 나기 때문에, 양념이 강한 음식과 잘 어울린다.

다음에할일

이 책을 처음부터 끝까지 다 읽었다면 한두 가지를 알게 되었을 것이다. 어쩌면 세 가지를 알게 되었을지도 모른다. 우리 조언을 따르면 천천히, 하지만 확실하게 자신의 입맛을 찾아가고, 좋아하는 와인 스타일을 알게 될 것이다. 이런 지식은 와인 리스트를 받았을 때나 동네 와인 가게에서 직원과 이야기할 때 엄청난 도움이 된다. 특정 와인을 좋아하는 이유를 표현할 수 있는 능력은, 다음 여정에서 전문가들의 도움을 받을 때 꼭 필요하다. 그리고 그다음 여정은 보통 와인을 가능한 한 많이 마시는 일이다. 다행히도 이제 당신은 그 방법을 정확하게 알았다.

감사의 말

먼저 친구들, 가족, 동료, 그리고 나의 간에게 감사하고 싶다. 격려하고 또 격려해주면서 버티도록 도와준 아만다 잉글랜더에게 감사한다. 책을 이렇게 멋진 모습으로 만들어주고 우스꽝스러운 생각들을 그려줄 그림 작가를 찾아준 이안 딩먼에게도 감사한다. 일러스트를 맡아준 셉 아그 레스티는 정말 최고다. 감사의 표시로 우리도 당신을 그려보았다. (고맙 긴요, 제가 더 감사합니다) 클락슨 포터 출판사의 파트리샤 쇼, 제시카 하임, 스테파니 데이비스, 애런 웨너에게도 감사의 말을 전한다.

개인적으로 크리스는 너무나 멋진 그의 아내 타마르에게 감사의 말을 전하고 싶어 한다. 비록 둘이 좋아하는 와인이 달라서 말도 안 되는 다툼 이 일어나곤 하지만 말이다. 또한, 그에게 좋은 음식과 좋은 와인에 관심 을 갖게 해줌으로써 나중에 직업으로 이어지게 해주신 그의 어머니 린 에게도 감사를 전한다. 그렇게 될 줄은 모르셨겠지만 말이다. 마지막으 로 지금의 크리스로 성장하도록 도와준 콜로라도 주립대학교 학생 미디 어 부서, 시나본, 칼슨 달리에 감사의 말을 전한다.

그랜트는 사실을 틀리게 알고 있을 때 솔직하게 알려주고, 또 어떤 와 인을 마시면 가장 좋을지 알려준 파셀과 딜리셔스 호스피탈리티 그룹의 직원들에게 감사한다. 세계 최고의 직업인 와인업계에서 일하면서 우정 과 조언, 안내를 끊임없이 제공해준 로버트 포르, 매튜 메이터, 바비 스 터키에게 감사한다. 또한 글쓰기, 유머 감각, 성실함으로 영감을 주면서 발전하고 즐길 수 있도록 해준 에밀리에게도 감사한다.

INDEX

초판 1쇄 | 2021년 9월 23일
초판 3쇄 | 2022년 12월 20일
지은이 | 그랜트 레이놀즈, 크리스 스탱
옮긴이 | 차승은

펴낸이 | 서인석
펴낸곳 | 제우미디어
출판등록 | 제 3-429호
등록일자 | 1992년 8월 17일
주소 | 서울시 마포구 독막로 76-1 5층
전화 | 02-3142-6845
팩스 | 02-3142-0075
홈페이지 | jeumedia.com

ISBN 979-11-6718-008-7 12590
• 파본은 구입하신 서점에서 교환해드립니다.

트위터 | twitter.com/jeumedia
페이스북 | facebook.com/jeumedia

만든 사람들
출판사업부 총괄 | 손대현
편집장 | 전태준
책임 편집 | 양서경
기획 | 홍지영, 안재욱, 신한길, 황진희
제작·영업 | 김금남, 김용훈
디자인 총괄 | 올컨텐츠그룹